Giuseppe Scicchitano

'O sapore d''o mare

La tradizione della cucina napoletana,
con sapori e accostamenti innovativi

CAIRO

A cura di Gabriele Parpiglia

ISBN 978-88-309-0442-2
Prima edizione: novembre 2024

Sommario

‘O SAPORE D’‘O MARE

Dedico questo libro alla mia famiglia, l'unica cosa che dà realmente senso alla mia vita.

1

'O sapore d''o mare

Il profumo del mare fa parte del mio essere: sono cresciuto con questo odore nelle narici. È un profumo che riconoscerei in un istante e ogni ricordo della mia infanzia è legato a esso.

Lo sai anche tu
questa è la tua vita
e anche se fa male
non rinunciare
a darle il senso che vuoi tu
Cerca l'ironia
Continua a respirare
l'odore del mare

Nulla potrebbe esprimere meglio ciò che sono, ciò che sono stato e l'uomo che continuerò a essere, quanto la strofa de *L'odore del mare* di Tiromancino.

Giorno dopo giorno, respiro quel profumo che mi è entrato nella pelle, non potrei farne a meno, e con ironia affronto la vita.

Questo sono io, Giuseppe Scicchitano, e sui miei profili digital ho raggiunto in poco tempo più di un milione di follower.

I video che posto abitualmente, dove non faccio altro che presentare al meglio la mia professione, hanno dei dati di visualizzazione che oscillano anche tra i venti e i venticinque milioni. Un numero enorme, che non avrei mai pensato di poter raggiungere.

Vengo definito – erroneamente, a mio avviso – un *food creator* digitale, ma non mi sono mai piaciute le definizioni, a maggior ragione questa.

Il volermi «definire», il rinchiudermi in qualche cosa che mi rappresenta solo in parte è limitante: ha poco senso e mi farebbe apparire come una persona meno concreta, meno rispettosa nei confronti del lavoro il contrario di come sono realmente e di quello che faccio.

A dispetto di quello che si pensa, sono molto serio. Soprattutto nell'aspetto lavorativo. Il lavoro è un mezzo indispensabile per mettere alla prova il proprio senso di responsabilità e permette d'avere una propria dignità, di qualsiasi lavoro si tratti. È proprio vero quel che recita il proverbio: il lavoro nobilita l'uomo. Qualsiasi sia la professione che si svolge, essa ci consente di raggiungere una crescita personale.

Se lo volete sapere, non sono neanche uno chef.

Sono semplicemente Giuseppe Scicchitano, un ristoratore napoletano di terza generazione, bravo a fare un po' di tutto nel suo ristorante.

A questo si può aggiungere una definizione che mi hanno dato in molti, che non mi dispiace per nulla: «gastronomo creativo». Voglio subito precisare, però, che se sono creativo e ho fantasia, e mi piace realizzare piatti anche belli da vedere oltre che buoni da mangiare, non vuol dire che non sia legato alla tradizione. Si tende sempre a pensare erroneamente che la tradizione, tramandata di generazione in generazione, sia in contrasto con l'innovazione, il mutamento.

Nei miei piatti c'è sempre la tradizione, ci sono gli odori e i sapori della cucina di mare partenopea che rimane la protagonista indiscussa, la stessa con cui sono cresciuto. Tutto ha avuto inizio da qui.

Prima di tutti è stata mia madre, e prima ancora mio nonno a instradarmi in questa professione. Mia madre, Assunta Pacifico, e mio padre, Nunzio Scicchitano, mi hanno svezzato e educato alla scoperta del gusto. Ho esplorato fin da piccolo una serie d'ingredienti che rendono grande la loro cucina; mi hanno fatto scoprire aromi e consistenze diverse, sapori differenti e apparentemente in contrasto tra di loro, che hanno abituato e affinato il mio senso e il mio gusto al «buono».

Tutto ha avuto inizio da mio nonno. Lui è stato il pioniere di questa professione che è stata tramandata prima ai miei genitori e successivamente a noi nipoti.

Papucc' 'o Marenaro: così era soprannominato nel 1943 mio nonno Raffaele Pacifico, quando tra i vicoli di Napoli andava alla ricerca di clienti con un carrettino dove proponeva *'o bror'e purpo* aiutato da mia nonna Maria, conosciuta come «l'Acquaiola».

Per attirare maggiormente l'attenzione dei passanti, mi hanno sempre raccontato che lei intonava quasi strillando: «*Vi faccio 'o bror'e purpo pieno di pepe!*».

In quegli anni era molto comune imbattersi in carretti tra i vicoli della città: ogni quartiere aveva il suo venditore di fiducia che offriva varie specialità locali a basso costo. I carretti non erano solo un mezzo per nutrire la popolazione locale, ma anche un simbolo d'ingegno e imprenditorialità. I venditori come mio nonno svilupparono una profonda conoscenza delle preferenze culinarie dei loro clienti e del territorio, adattando costantemente la loro offerta per soddisfare i gusti in evoluzione.

Bisogna anche tenere presente che in quegli anni a Napoli non c'erano molti soldi: *'o bror'e purpo* offerto da mio nonno per le strade era un piatto venduto a poco prezzo per ingannare la fame, come la maggior parte dei cibi da strada partenopei.

I sacrifici per lui sono stati tanti ma, oltre che a mantenere la sua numerosa famiglia, sono stati tutti finalizzati a voler realizzare un grande sogno: aprire una bottega tutta sua, lasciando il carretto. E nel 1955 ci riuscì per davvero: a Porta Capuana inaugurò la sua prima bottega, alle spalle del luogo ove era solito posizionarsi con il suo carretto. Sullo sfondo, una città in fermento, con i primi filobus che fendevano le arterie stradali, e le fermate che ne distinguevano il reticolo urbano. Grazie alla concessione di suolo pubblico, la bottega si estendeva soprattutto sul marciapiede, permettendogli di avere molto spazio per soddisfare il maggior numero possibile di clienti.

Il nonno, così come fu uno dei primi ad andare in giro con il carretto col *brodo di purpo*, fu anche il primo a inserire nel menù due piatti napoletani parecchio legati alla tradizione: la zuppa di cozze e le linguine al cartoccio.

Vi sembrerà strano, questo primato in menù, semplicemente perché ora fa parte della normalità sedersi al tavolo di un ristorante e poter scegliere di degustare una zuppa di cozze o delle linguine al cartoccio. Ebbene, allora non lo era.

La zuppa di cozze, pur essendo un piatto molto legato alla tradizione culinaria partenopea, era confinato a essere perlopiù preparato in casa e servito nei pranzi e nelle cene di famiglia, il Giovedì Santo.

Ma perché proprio il Giovedì Santo, vi chiederete?

Come accade spesso nella mia Napoli, sacro e profano sono due elementi che si mescolano e riescono a convivere in equilibrio perfetto: qui accade come in nessun altro luogo sulla faccia della Terra. Lo si vede anche solo passeggiando per le vie del centro storico, dove si possono trovare rappresentazioni di piccoli altari con al centro la statua della Madonnina, Gesù Bambino o altri miti della religione cattolica, circondati da foto di persone che non ci sono più. Ma lo si può anche percepire quando, accanto a questa manifestazione di devozione, prende spazio il profano, ovvero il corno che ogni napoletano tiene in tasca e che dovrebbe proteggere dal malocchio. Basterebbe strofinarlo più volte per rimandare indietro la sfortuna ricevuta da un nemico. Questa perfetta mescolanza tra sacro e profano viene trasferita anche in cucina, in questo caso nella zuppa di cozze.

Per capire meglio questo legame, bisogna tornare indietro nel tempo e arrivare a Ferdinando I di Borbone, colui che ha avuto più di tutti la capacità di mischiarsi al popolo, nella storia della monarchia delle Due Sicilie. Il sovrano amava in maniera smodata il cibo, preferendo il pesce: chiedeva spesso alla servitù di cucinare pietanze prelibate da poter offrire ai suoi ospiti. Allo stesso tempo, amava procacciare ciò che poi avrebbe voluto in tavola: era infatti un abile pescatore e aveva addirittura creato delle vere e proprie riserve in cui allevare e pescare molluschi, fra cui si contavano anche cozze pregiate nel territorio di Bacoli. Durante la Settimana Santa, seguendo le indicazioni «spirituali» di un frate domenicano stimato a corte, promise a sé stesso di darsi una regolata con il cibo. Non resistette però fino in fondo alla tentazione e per il Giovedì Santo ordinò un piatto di cozze, più «umile» rispetto al pasto abituale. I cuochi gli prepararono così una zuppa di cozze, più leggera, con l'aggiunta solo di peperoncino piccante e di un po' di salsa di pomodoro.

La ricetta si diffuse e arrivò sulle tavole di tutti, ma venne perlopiù relegata a un giorno «speciale». Mio nonno *Papucc' 'o Marenaro* decise d'inserirla in menù e offrirla come scelta abituale ai suoi clienti.

Spesso io o le mie sorelle gemelle, Carmela e Maria, chiediamo a mia madre e a mio padre di raccontarci l'inizio di tutto. Loro sono la nostra memoria storica e questi loro racconti ci permettono di non dimenticarci mai le nostre origini, chi siamo e da dove veniamo.

«*Assuntì scetate*» è la frase che più delle altre mia madre Assunta ricorda: le è rimasta impressa nella mente. È difficile, vedendola adesso, credere che l'inizio della sua vita sia stato tanto duro e fatto di sacrifici veri, ma così è stato. Erano tempi molto difficili per i miei nonni e per mia madre, tempi in cui sono mancati le carezze e gli abbracci, l'essere accuditi durante la malattia. Erano giorni in cui non ci si poteva permettere il lusso di essere teneri o comprensivi, giorni in cui il lavoro e la fatica avevano la priorità su ogni altra cosa. Si doveva prima di tutto sopravvivere, perché solo dopo ci sarebbe stata la possibilità di costruirsi un futuro migliore. E a mia madre, come a me in seguito, è stato negato l'essere figlia, l'essere bambina...

Tempi di sacrifici. Sacrifici continui, di una professione che non lascia spazio a nulla se non al lavoro ma che ti regala, se t’impegni, grandi soddisfazioni.

Questo però lo sto capendo solo ora che sono un uomo, un marito e un padre. Torniamo a mia madre.

Mia nonna ogni mattina la svegliava molto presto, non per andare a scuola, ma per seguirla in bottega, perché l’aiutasse tutto il giorno, dalla mattina alla sera, a pulire cozze.

Aveva appena sette anni ed era così piccola che per arrivare al lavello era necessario che salisse su una cassetta di birre Nastro Azzurro. Lo faceva per trecentosessantacinque giorni l’anno: per lei e i nonni, non c’erano le vacanze. Ogni giorno era uguale al precedente. Non si festeggiava mai e anche a Natale e Capodanno lei era nel retrobottega a pulire cozze. I ricordi di mia madre sono fatti anche di lacrime di bambina, soprattutto nel giorno dell’Epifania, quando a differenza dei suoi coetanei non le è mai stato regalato un giocattolo. La prima bambola l’ha ricevuta da suo padre quando era già adolescente: era una bella Belinda e ancora oggi la custodisce come se fosse un tesoro.

Quando si allontanava furtivamente per trovare qualche attimo di riposo, sgusciava fuori dalla bottega e il commerciante accanto, che la vedeva sfinita, le offriva una pizza da mangiare velocemente prima di tornare al suo lavoro.

La gavetta di mia madre, insomma, è stata durissima, solo molti anni dopo l’ha portata a essere la donna che è oggi.

Durante l’adolescenza è stata la vera forza della *puteca* a Porta Capuana. Era lei che poco prima dell’alba si recava al mercato del pesce, che all’epoca si trovava al Borgo Sant’Erasmo. Lì ha imparato a trattare con i fornitori, a districarsi in situazioni che fino a quel momento erano state relegate esclusivamente a figure maschili. Imparò a riconoscere il pesce migliore, a distinguere le cozze più saporite e a saper trattare con tutti, con una grande destrezza, guidata dall’empatia che la caratterizza anche oggi. Aveva fin da bambina una dote innata: sapeva rapportarsi con le persone nel migliore dei modi. Non avrebbe potuto fare nessun altro lavoro, se non stare nel commercio.

Mio padre, Nunzio Scicchitano, è cresciuto solo al mondo, senza un padre, senza una madre. La sua scuola, la sua casa, sono state le strade di Napoli, i vicoli, le piazze. La miseria, quella vera, mio padre l'ha vissuta sulla sua pelle. Ora va quasi di moda vantare origini umili ed è come se affermare di essere nati dal nulla sia un valore aggiunto. Per lui però non sono solo parole pronunciate per dimostrare di possedere qualità «straordinarie», è stata una realtà.

Mio padre Nunzio caratterialmente è l'opposto di mia madre. Non è mai stato un uomo di molte parole, ed è anche per questo che quando noi figli gli chiediamo di raccontarci la sua vita di bambino e poi di ragazzo le frasi sono risicate. È come se facesse fatica a tirarle fuori; ha sempre preferito i fatti alle chiacchiere. E anche i suoi insegnamenti nei nostri confronti sono stati tramandati a noi attraverso il buon esempio. Ho sempre pensato, dentro di me, che la troppa sofferenza patita l'abbia portato a voler allontanare dalla mente i vecchi ricordi, che preferisce dimenticare. Ma la vita non è riuscita a indurirlo mai. Anzi.

La sua infanzia è stata all'insegna della sopravvivenza. Non penso che sia stato facile crescere senza genitori, solo al mondo, senza mai ricevere una carezza, una parola di conforto, senza la certezza d'avere accanto una persona adulta su cui poter contare sempre. Lui doveva contare solo su sé stesso, sulle sue capacità e sulla sua forza di volontà. La stessa volontà che anni dopo l'ha portato a essere l'uomo stimato e rispettato che è oggi.

Come tutti i bambini, trascorreva i pomeriggi per strada a giocare a calcio. Poi i suoi amici, terminata la partita, tornavano a casa: i genitori li aspettavano per la cena. Lui invece rimaneva solo, nessuno lo aspettava.

Finite quelle ore di gioco, spesso si è trovato a non sapere dove andare a dormire, a non sapere cosa o come mangiare. Così si accovacciava per strada, vicino a una chiesa o sotto a un porticato, perché lì, secondo la sua logica da bambino, pensava di essere protetto e al sicuro, data la vicinanza di Gesù. Avere questo pensiero durante l'infanzia lo ha poi portato a diventare un uomo con una fede salda. Per mangiare gli è capitato anche di dover rubare una gallina viva a Borgo Sant'Antonio Abate. All'età di dieci o undici anni, si è trovato a lavorare nella bottega del nonno di Porta Capuana, *Papucc' 'o Marenaro*, dove ha incontrato per la prima volta mia madre. La storia del loro amore è stata segnata dal destino, non c'è altro modo per definirla. Fin da piccoli, hanno faticato fianco a fianco, e tra i due è nata un'amicizia profonda. Mio padre ci ha spiegato che non se la sentiva d'impegnarsi con lei in maniera più seria e formale, avendo la consapevolezza di non avere nulla da offrire a mia madre e di non poterle garantire alcuna prospettiva. Non si sarebbe mai sbilanciato, non avrebbe mai voluto che si pensasse che si era innamorato di mia madre perché figlia di *Papucc' 'o Marenaro*, quasi per assicurarsi un futuro certo. Lui non era quel tipo d'uomo. Decise di andare a cercare fortuna in Germania. Senza un soldo in tasca e con una valigia di cartone senza nulla dentro, partì. Quella valigia, pur essendo vuota di cose materiali, era piena di sogni, speranze e obiettivi da raggiungere. Se avesse avuto fortuna, sarebbe tornato da mia madre e avrebbero costruito un futuro insieme. Quella promessa fu mantenuta: con enormi sacrifici, impegno e determinazione riuscì ad aprire un ristorante, una pizzeria. Finalmente possedeva qualche cosa di solo suo. Mia madre decise di raggiungerlo in Germania e la loro vita insieme ebbe inizio lì.

Il loro è ed è stato un grande amore. La vita in Germania si rivela presto molto diversa da quella a cui mia madre era abituata. Quando scopre di essere incinta di me, il desiderio più grande è di poter tornare a Napoli. A tutto questo va anche aggiunto che mia madre non *riesce* a vivere se non a Napoli, non può vivere lontana dai «suoi» vicoli, dalla sua gente. Per lei le strade, le viuzze, i balconi, gli odori tra Borgo Sant'Antonio Abate *'o Buvero*, Porta Capuana e via Foria sono casa, famiglia.

Anche i miei genitori, così come il nonno prima, avevano un desiderio: quello di creare un ristorante tutto loro, nella loro Napoli.

Un sogno diventato realtà, grazie anche al sostegno e all'aiuto di mio padre Nunzio Scicchitano. Mio padre, il mio mito, il mio eroe.

'A figlia d''o Marenaro vede la luce nel 1991, quando io avevo appena un anno.

2
'A figlia d''o Marenaro

'A figlia d''o Marenaro è la casa dove sono cresciuto.

Tutti i miei ricordi da bambino e da ragazzo sono racchiusi tra le mura del ristorante di via Foria. Non c'è nessun luogo che mi sia più familiare di questo. Qui sono stato svezzato, ho smesso di gattonare e ho percorso i miei primi passi, sono caduto e mi sono rialzato aggrappandomi alle gambe delle sedie e ai tavolini della sala ristorante. Ho avuto modo di assaggiare cibi nuovi, ho abituato il mio palato e il mio gusto ai sapori del mare e a tutti quegli alimenti che rappresentano la mia città.

Ero ancora troppo piccolo per aiutare i miei genitori in qualsiasi mansione, così trascorrevo ore intere davanti alle vasche dei crostacei: scampi, aragoste, granseole, astici blu. Li osservavo e li studiavo in ogni minimo dettaglio, cercavo differenze impercettibili tra una specie e l’altra. Ero affascinato da queste vasche, quasi ipnotizzato.

In una sorta di gioco, fantasticavo su come sarebbe stato se mi fossi immerso con loro in un mare profondo. Ed è lì che, a tre o quattro anni, ho imparato tutti i loro nomi: ero in grado di distinguerli a uno a uno, dalle loro forme, dai loro colori, dalle loro corazze.

Poi passavo al banco dei frutti di mare, in bella mostra davanti ai miei occhi: ostriche delle più diverse varietà, vongole, cozze, esemplari bellissimi di pesci da scoglio dalle forme strane.

Alla fine di queste lunghe esplorazioni, quando la sala del ristorante iniziava a popolarsi di clienti e mia madre passava da un tavolo all’altro, mi spostavo e sgusciavo in maniera quasi invisibile tra i tavoli fino ad arrivare in cucina.

Aprivo piano piano la porta e un’ondata di calore quasi insopportabile mi investiva il viso. Venivo inondato subito dai più svariati odori: odori di terra, come quelli del pomodoro, del limone, del basilico e dell’aglio, e odori di mare.

Gli adulti erano tutti concentrati davanti ai fornelli. Poche parole, ordini ben precisi e, nonostante ci fosse un grande fermento per portare in tavola il prima possibile i piatti ordinati dai clienti, intorno a noi regnavano la pulizia e l’ordine. Gli stessi pesci e molluschi che avevo osservato nella vasca erano pronti per essere messi in pentoloni o in padella e poi nei piatti. Non soffrivo affatto per questo, non ho mai provato dispiacere. Sapevo perfettamente, quasi in maniera automatica, senza che nessuno me lo avesse spiegato, che quello era il loro destino...

Fin da bambino sono stato abituato ad avere nel piatto e ad assaggiare ogni tipo di pesce o mollusco. Era il lavoro di mamma e papà, servire specialità di mare fresche: quei pesci erano lì per essere mangiati. Erano stati pescati e comprati per fare quella fine. E poi io ero il primo ad amare i loro sapori, una volta che me li trovavo nel piatto.

Della cucina mi ricordo i suoni confusi, continui: acciottolio di piatti e pentole che cozzano tra loro, gorgoglio di pentoloni pieni di acqua, sempre alla temperatura giusta di ebollizione, lo scoppiettio dell'olio per friggere, lo scrocchio di gusci che venivano aperti. Tintinnio di coltelli e posate che si scontravano tra di loro. E poi un viavai continuo di manicaretti che venivano preparati e portati in sala, seguito da poche parole, ordini precisi, le famose comande.

Sui tavoli dei clienti ammiravo zuppe di cozze e spaghetti al cartoccio, che sono sempre stati i capisaldi del menù. Vedevo sontuosi crudi avvolti come per magia da una nuvola di azoto liquido, serviti su alzatine d'acciaio e arricchiti da alghe, limoni, talvolta da frutta di stagione. Assistevo alla preparazione di presentazioni maestose che, come mi ha spiegato in seguito mia madre, non volevano essere puro esibizionismo, bensì omaggio al mare, una delle costanti della sua e della nostra vita. Il mondo da cui proveniamo e dove torniamo ogni giorno grazie ai piatti serviti.

Non potrò mai dimenticare le parole usate da mia madre Assunta nel raccontare e descrivere le scelte fatte, il suo voler inserire nel menù i capisaldi della tradizione partenopea e i ricordi della sua famiglia.

E così come lei è cresciuta con le ricette del nonno, io sono cresciuto con le sue parole.

Mi ripeteva che la zuppa di cozze, così come *'o bror'e purp*, racchiude la grandezza di un'intera città. Quando ancora la parola sostenibilità era sconosciuta, qui nelle fredde sere invernali ci si sfamava e ci si riscaldava con poco: acqua, una *ranfetella* di polpo – il tentacolo, per intenderci –, una spolverata di pepe e s'ingannava la fame; «Fin quando esisterà il mio ristorante» diceva «troverete la zuppa di cozze, rigorosamente con i *maruzzielli*», cioè le lumache di mare. Diceva: «Questi piatti mi parlano di papà».

'A figlia d''o Marenaro, il più delle volte, chiudeva molto tardi: all'epoca non c'erano restrizioni parti-

colari sugli orari di chiusura. Il servizio si concludeva quando non c’erano più clienti da soddisfare. Dopo aver perlustrato tutto il locale e la cucina, dopo aver cenato e aver osservato mia madre fare su e giù per tutto il ristorante tra sorrisi e racconti, la sera mi sedevo su una sedia molto alta, davanti al tavolo della cassa, e il più delle volte mi addormentavo sfinito. Ero sereno: non avrei voluto essere in nessun altro posto, tanto che, appena qualcuno mi prendeva in braccio per portarmi a casa, mi svegliavo all’improvviso e piangevo disperatamente. Volevo rimanere dov’ero... non volevo tornare a casa; il ristorante era la mia casa. Qualsiasi altro posto non avrebbe avuto per me la stessa familiarità.

Questo era il mondo che ogni giorno veniva messo in scena davanti ai miei occhi, uno spettacolo che non ero ancora in grado di capire fino in fondo ma che tuttavia mi divertiva e affascinava.

Mi sentivo grande. E forse, rispetto ai miei coetanei, lo ero per davvero. Guardavo i miei compagni di classe, piccoli quanto me, e nella mia mente li reputavo dei bambinetti: giocavano in modo infantile, si lamentavano per qualsiasi minuscolo graffio e piagnucolavano sempre per ottenere qualche cosa... Io facevo una vita diversa dalla loro, scandita da ritmi e abitudini differenti. Passavo molto tempo a osservare gli adulti intorno a me e a studiare ogni loro movimento, e questo mi faceva sentire grande.

Nella mia mente il tempo che trascorrevo nel ristorante, dopo la scuola, nei lunghi periodi di vacanza, o nelle lunghe attese in cui aspettavo che i miei genitori finissero di lavorare, era un tempo in cui mi sembrava di fare qualche cosa di utile per loro, come facessi a tutti gli effetti parte di quel mondo. Mi percepivo non come un bambino che ciondolava a destra e sinistra, osservando il lavoro degli adulti; mi era stato assegnato un compito ben preciso... era come se pensassi di lavorare anch'io nel ristorante e fossi utile in qualche modo. Non era ancora così! Questo sarebbe accaduto pochi anni dopo, finite le scuole dell'obbligo.

Iniziate le elementari, la mattina andavo a scuola, ma in aula scalpitavo, mi annoiavo, non vedevo l'ora che finisse la lezione per raggiungere i miei genitori al ristorante. Pranzavo, vagavo un po' tra i tavoli e la cucina, facevo i compiti e studiavo per il mattino seguente, ma intanto cominciavo a pensare seriamente a come avrei potuto aiutare i miei genitori al locale.

Quale mansione sarebbe stata più adatta me? Volevo a tutti i costi essere parte integrante del loro mondo lavorativo, e non solo fantasticare di farne parte.

Solo molto più avanti, alla fine del mio percorso formativo, sarei arrivato a sperimentare tutte le mansioni utili in un ristorante e a essere in grado di gestirlo nel migliore dei modi.

Parallelamente al percorso scolastico, convinsi mio padre che ero pronto per aiutarli. Non disse nulla di particolare: forse se lo aspettava e forse nello stesso tempo era particolarmente orgoglioso della mia offerta. Non lo seppi mai con esattezza.

Volevo lavorare con loro, sentirmi parte attiva del loro mondo. Mia madre era fiera della mia scelta, nonostante anche lei abbia cercato di mitigarlo in tutti i modi. Come già avevo accennato, mio padre non è un uomo portato a parlare molto. Con uno sguardo o con un gesto, però, è sempre stato capace d’esprimere più di quanto si possa pensare.

In silenzio, mi ha insegnato tutto quello che ora so fare in questa professione, dove nulla si può dare per scontato. Il suo più grande insegnamento, che porterò sempre con me e che tramanderò a mio figlio, si basava su un principio semplice: avrei dovuto aprire gli occhi e osservare attentamente quello che si svolgeva davanti a me. Nessuno avrebbe perso tempo mettendosi di fianco a me e spiegandomi per filo e per segno quale fosse il modo corretto di svolgere questa o quella mansione specifica; avrei dovuto «rubare» con gli occhi ogni segreto, ogni gesto. Per la prima volta, un termine ad accezione solo negativa, come rubare, assumeva nella mia mente un significato tutto nuovo e positivo: il rubare con gli occhi, appunto, o, come si dice spesso in maniera più semplice, l’apprendere come una spugna. Questo mi avrebbe permesso d’entrare nel mondo degli adulti e di non essere solo una comparsa nel ristorante di famiglia.

Non mi sono mai tirato indietro: qualsiasi compito mi venisse affidato, lo accettavo di buon grado. Non mi sono mai neanche lamentato, perché era stata una mia scelta essere lì e iniziare seriamente quella professione. Allo stesso tempo, devo ammettere che i miei genitori sono stati bravi anche in questo: non hanno mai dimostrato d’avere un occhio di riguardo nei miei confronti solo perché sono loro figlio. Anzi…

Mi furono affidate, nel tempo, tante mansioni differenti, più o meno tutte quelle che comporta la gestione di un ristorante. Il primissimo compito che mi diedero, perché allora si usava molto, fu quello di sfregare l’aglio sulla bruschetta, per insaporirla…

Poi passai al reparto bibite: arrivava il foglietto

con l’ordinazione per il tavolo e io organizzavo il vassoio con le bevande da servire; poi passai al reparto lavastoviglie, dove predisponevo il lavaggio di tutte le stoviglie sporche e finito il carico le svuotavo il cestello. Di questo lavoro ricordo il caldo insopportabile sia d’inverno, sia d’estate, sembrava di essere dentro a un forno acceso.

Poi passai al reparto zuppa di cozze, uno spazio-laboratorio separato dal resto della cucina, adibito alla preparazione di questo particolare piatto. Cucinavo i polpi, pulivo i calamari, mi occupavo della pulizia delle cozze e le aprivo.

Col tempo passai al reparto dei frutti di mare, un settore che mi piaceva particolarmente e che mi piace tutt’ora. Sono affascinato da questi alimenti, dal mondo che racchiudono, dal loro gusto.

Non mi sono fatto mancare neanche la parte pulizie: sparecchiavo, pulivo i tavoli e il pavimento, spesso lavavo le vetrine.

Ero felice, instancabile. Volevo imparare il più possibile e apprendere dai miei genitori la loro arte.

Mia madre e mio padre hanno svolto un ruolo decisivo nella mia formazione. Sono stati in grado di darmi il buon esempio. Sono stati abituati al sacrificio fin da piccoli e involontariamente mi hanno educato a questo.

Mio padre, in maniera particolare, è il mio mito. Il mio modello. E non lo dico perché il nostro legame è un legame di sangue indissolubile… Lo prenderei come modello o lo innalzerei a mito anche se non fosse mio padre. La storia della sua vita, fin dall’infanzia, è un racconto unico e incredibile. La povertà, la solitudine e il non avere un riferimento avrebbero potuto schiacciarlo e indurlo a fare scelte sbagliate; invece la sua voglia di riscatto e di riuscire a conquistarsi un posto nel mondo lo ha portato a vincere nella vita. Lui, per me, è una fonte d’ispirazione sconfinata.

Mio padre è un uomo che conosce più di chiunque altro cosa sia lo spirito di sacrificio. È una sua particolare qualità, che manifesta ogni giorno attraverso la disponibilità a rinunciare ai propri bisogni, desideri o comodità per il nostro bene e di tutte le persone che lo circondano.

Questo concetto è radicato nel suo Dna e sono convinto che, nonostante sia un uomo «semplice», nel senso positivo del termine, abbia una nobiltà d’animo unica e una grandezza morale sconfinata.

Nel rapporto con mia madre, con noi figli, con gli amici, è disposto sempre a fare rinunce per il benessere dei propri cari. Non è stato un padre particolarmente presente nella mia vita di bambino, non mi portava a scuola, non mi veniva a prendere e non mi accompagnava alle partite di calcetto; lo faceva qualche suo collaboratore al suo posto. Mi spiaceva, ma non soffrivo terribilmente per questo. Sapevo che lavorava duramente per garantire un futuro migliore a noi figli.

Mi è bastato guardare i miei genitori che, seppur in maniera differente, stavano seguendo la propria natura, per capire quale fosse la strada da percorrere, la *mia* strada. Non ho mai pensato, neanche da piccolo, di fare altro nella vita.

Ho imparato fin da bambino a fare delle rinunce perché la vita non può essere basata sul tutto e subito: c’è tempo per ogni cosa, e magari è anche necessario arrivarci a poco a poco, a certi obiettivi.

Anche nel periodo dell’adolescenza non m’importava sacrificarmi, fare delle scelte diverse rispetto ai miei coetanei. Il mio compito era andare a scuola la mattina e lavorare nel ristorante di famiglia la sera.

I miei amici lo sapevano: se volevano vedermi e uscire con me lo potevamo fare dopo la mezzanotte, quando chiudevamo il ristorante. Mi concedevo i miei attimi di svago sempre e solo dopo il dovere –

un dovere che non mi è mai stato imposto dai miei genitori, ma che è stato frutto di una mia scelta di vita.

Questo è il motivo per cui ho avuto sempre pochi amici o, meglio, pochi ma buoni, che fanno parte della mia vita tutt’oggi e che continuo a frequentare nei miei sporadici momenti liberi.

Dai miei genitori ho imparato moltissimo, insegnamenti differenti che mi hanno saputo formare, a essere l’uomo per bene e grande lavoratore che mi reputo.

Mio padre mi ha anche inculcato il senso del dovere: nel momento in cui si prende un impegno, lo si porta avanti con costanza e determinazione. A qualsiasi ora tornassi a casa la sera dopo essermi divertito con i miei amici, sempre dopo la chiusura del ristorante, il mattino seguente mi sarei dovuto svegliare alle sette per andare a lavorare, non c’erano scuse che tenessero: il lavoro è una cosa seria. Possiamo tranquillamente dire che mi ha insegnato una disciplina, che mi accompagna tutt’oggi. Una disciplina che pratico tutti i giorni su me stesso, quasi una sorta di rigidità, che però non indirizzo mai verso gli altri, con cui invece sono molto comprensivo.

Dormo anche ora pochissimo per rispettare i miei impegni ed essere sempre presente nel luogo di lavoro. Mio padre, a differenza di mia madre, è più riservato e ama poco esporsi in pubblico: preferisce lavorare e dare istruzioni dalle «retrovie». Ma questo non vuol dire che non sia presente: un suo sguardo, un suo gesto valgono più di diecimila parole.

Ho impressa nella mente un’immagine di lui che niente e nessuno potrà mai cancellare: lo rivedo in piedi davanti al fornello mentre preparava e riscaldava la zuppa di cozze da servire (allora si cucinava e riscaldava in un modo preciso), e non si trattava di quattro o cinque zuppe, ma di quattrocento, cinquecento a servizio... Davanti a lui, un pentolone in continua ebollizione, ad altissima temperatura sia d’inverno, sia d’estate... Alla fine del servizio la sua camicia gocciolava. Quando lui se la toglieva, mia madre la prendeva e la strizzava in una bacinella d’acqua. Non l’ho mai sentito lamentarsi di questo. Non l’ho mai sentito lamentarsi di nulla. È un lavoratore instancabile.

Questo ricordo racchiude per me il senso più profondo del suo spirito di sacrificio.

Poi, non potrò mai neanche dimenticarmi i suoi insegnamenti... A dieci anni, mi misi vicino a lui mentre apriva le ostriche e i frutti di mare. Volevo imparare. Presi in mano un’ostrica e il coltello, lui in silenzio di fianco a me che mi osservava... mi tagliai la mano: c'era sangue ovunque. Ma lui, guardandomi, mi disse: «Bravo, figlio mio, stai imparando».

Questa è una delle tante lezioni con cui sono cresciuto: se non ti sporchi le mani, come fai a capire?

Da mia madre Assunta ho appreso, più di ogni altra cosa, la cura e la passione per la tradizione culinaria di Napoli, la condivisione di sapori autentici e tanta umanità. Lei ha un carattere completamente differente da quello di mio padre: è particolarmente estroversa, ama stare in mezzo alla gente e ha una capacità unica di mettere a proprio agio le persone. È sempre disponibile, accoglie ogni cliente con il sorriso e instaura immediatamente quella sorta d'empatia necessaria per un lavoro a continuo contatto con il pubblico. È una persona che, da una parte, possiede la concretezza di una donna del popolo e, dall'altra, la capacità di cogliere tutte le occasioni che la vita le offre.

Una delle frasi che le sento ripetere più spesso è: «A Napoli la pasta tiene una storia assai antica, è come il mare, è una cosa che fa parte dei napoletani stessi. E ricordati che quando la pentola bolle devi buttare subito i maccheroni».

Io mi reputo il giusto connubio tra loro due. La mia personalità è l’unione perfetta di entrambi, racchiudo in me quello che mi hanno insegnato.

Sarò sempre in debito con loro e non smetterò mai di ringraziarli. Mi hanno permesso di essere l’uomo che sono oggi: i loro sacrifici non sono stati vani. Li ringrazierò sempre per quello che mi hanno insegnato, per avermi appoggiato nelle scelte e avermi sostenuto, anche in silenzio.

Credo che un figlio si debba sempre sentire in debito nei confronti dei propri genitori. Loro si sono presi in carico un’enorme responsabilità; ci hanno donato la vita e ci hanno messo al mondo.

Non è da tutti.

È una scelta coraggiosa, mettere al mondo un figlio e prendersene cura per tutta la vita.

Adesso che sono padre, li capisco ancora meglio di quello che loro possano pensare. Fino a questo momento ho creduto di comprenderli, ma ora so che non li ho mai capiti in maniera così profonda.

Non è facile essere genitori, essere la giusta guida e tramandare insegnamenti sani, come hanno fatto i miei genitori con noi figli.

Mio padre e mia madre sono la mia grande eredità.

3

Un'infanzia da *Marenaro*

Solo ora, all'età di trentatré anni, ho compreso a pieno e in modo profondo i racconti di mia madre bambina e le sensazioni che provava quando, con un po' di rammarico, mi descriveva la sua infanzia «negata».

Premetto che la mia infanzia è stata ben diversa dalla sua: non l'ho passata all'insegna di privazioni materiali o mancanza di gesti affettivi, questo lo voglio specificare in maniera chiara. Il loro amore nei miei confronti è stato immenso. A loro modo, sono stati presenti in ogni fase della mia crescita. È vero, non mi accompagnavano a scuola, non mi venivano a vedere al campetto mentre giocavo a calcio, ma lavoravano ogni giorno instancabilmente per garantirci un futuro migliore.

Non mi è stato mai negato l'affetto, un bacio, una

carezza, un abbraccio, un augurio speciale, un incoraggiamento, quando ce n'era bisogno; ma dentro di me ho avvertito una mancanza.

Era la mancanza di tempo. La mancanza di spazi, di esperienze nuove da condividere insieme a loro. Di avventure, di gitarelle della domenica, di giornate al mare.

Vedevo i miei cuginetti condividere con i miei zii giornate in spiaggia e gite fuori porta e di questo ero un po' geloso; avvertivo nel profondo una sensazione di dispiacere nel non poter fare le stesse cose con i miei genitori.

Ci sono stati attimi in cui da bambino mi sono sentito solo, nella mia cameretta, mentre i miei genitori lavoravano... Forse proprio per questo, pensandoci bene, non mi volevo mai allontanare troppo dal ristorante, quel luogo così familiare che mi permetteva, in qualsiasi modo, di stare con loro, di vederli e di viverli. Lì mi sentivo al sicuro, quel posto era la mia famiglia.

Non mi ricordo di cene a casa insieme ai miei genitori e alle mie sorelle, a parlare di ciò che ci accadeva durante la giornata, a confrontarci su temi importanti, anche magari a discutere animatamente. Non mi ricordo di gite domenicali, di passeggiate con loro, di giochi. Si condividevano pochissimi spazi e situazioni al di fuori delle mura di via Foria.

L'ho detto: solo con il tempo ho compreso a pieno i miei genitori. Avevano una grande responsabilità e tutte le loro energie andavano a confluire nella buona gestione del ristorante, nella soddisfazione del cliente, nel riuscire a raggiungere un livello sempre più alto per essere conosciuti non solo a Napoli.

Anche in questo sono riusciti.

Questa oggi è anche la mia vita…

Ora so esattamente cosa provavano loro, quali erano i pensieri che passavano loro per la testa ogni giorno, e perché non potevano condividerli con noi, visto che eravamo ancora troppo piccoli per capire.

Il loro spirito di sacrificio è stato spesso alimentato dai valori profondi che li hanno sempre contraddistinti. Una virtù rara, di questi tempi, che ha loro permesso, giorno dopo giorno, di essere ciò che sono oggi. Attraverso il sacrificio quotidiano hanno instaurato con noi figli un legame molto intenso: i fatti, più che le parole, hanno fatto sì che noi crescessimo in maniera sana.

Il senso del dovere che avevano sulle spalle era più forte di qualsiasi altra cosa. Le responsabilità a cui dovevano far fronte erano e sono enormi. Non c'erano margini d'errore. Su di loro facevano conto diverse famiglie di tante persone, che ogni giorno li aiutavano nella gestione del ristorante; poi c'eravamo noi figli, io e le mie sorelle, e il nostro benessere.

E quando dico che oggi li comprendo meglio, è perché anch'io, con l'apertura del mio ristorante, ho iniziato a sentire il peso delle responsabilità, per me stesso e per gli altri. È il mio primo pensiero la mattina e l'ultimo la sera.

Il mio, il nostro lavoro, ci riempie ogni giorno il cuore di grandi soddisfazioni: leggere una recensione, un articolo positivo su un giornale o un sito, avere ogni sera tutti i tavoli occupati, vedere la soddisfazione negli sguardi dei clienti, ti ripaga di tutto – ma i sacrifici ci sono, e non sono pochi.

Non ci sono giorni di vacanza.

Non ci sono festività da condividere in famiglia o nei luoghi che più si desiderano.

Non ci possono essere giornate in cui non si è in piena forma o di cattivo umore.

I tuoi clienti, appena entrati nel locale, si aspettano d'essere accolti in un ambiente piacevole che li faccia rilassare e faccia vivere loro un'esperienza appagante. I problemi, se ci sono e quando ci sono, devono essere risolti velocemente o accantonati. I problemi devono rimanere fuori dal ristorante.

Nonostante tutto, se tornassi indietro, farei esattamente le stesse scelte compiute finora. Non cambierei nulla della mia vita, di quella passata e di quella che mi sto costruendo giorno dopo giorno.

Non vorrei, per me, nulla di diverso. E non potrei desiderare nulla di diverso, perché è quello che ho sempre voluto, fin da bambino. Anche se spesso dentro di me nutro un certo senso di colpa nei confronti di mia moglie e mio figlio… Troverò il modo per spiegarlo meglio, più avanti.

A differenza di mio nonno, e poi di mia madre, da bambino e successivamente da adolescente non avevo un sogno da realizzare. Quando mi veniva chiesto quale fosse il mio sogno più grande, non sapevo quasi dare una risposta precisa. Non perché fossi limitato o stupido o perché non avessi dei desideri: la mia mente già allora «frullava» parecchio e velocemente e avrei potuto con molta semplicità dare una risposta vaga, ma facevo fatica ad associare questi pensieri a un sogno concreto.

Di certo non ero come tutti i miei coetanei nati e cresciuti a Napoli, che sognavano di diventare i nuovi Maradona… a volte senza neanche saper giocare così bene a calcio.

Io fin da piccolo avevo un obiettivo da raggiungere, non sogni che speravo di realizzare. Questa era la grande differenza tra me e gli altri.

Non mi sono mai piaciuti i sogni e ci continuo a credere davvero poco anche oggi. I sogni, nella mia mente, si avvicinano di più a un mondo parallelo costruito solo con la fantasia, poco concreto e completamente distaccato dalla realtà. I sogni compaiono la notte, quando non siamo coscienti, quando la volontà ci abbandona e il sonno prende il sopravvento. Non ho mai neanche creduto a chi sogna a occhi aperti… o meglio, non mi è mai capitato di farlo.

Non ho mai neanche creduto nella fortuna, che reputo passeggera, come un treno che va ad altissima velocità e non si sa esattamente quando e se si fermerà. Fortuna può essere il vincere una grande somma alla lotteria o, come viene descritta quando si è piccoli, una dea bendata che distribuisce indiscriminatamente il bene e il male, senza un motivo apparente. La fortuna non ti può aiutare a raggiungere i tuoi obiettivi a lungo termine e non può garantirti la stabilità. Ecco perché non ci credo.

Credo vivamente, invece, nel focalizzare la mente non su desideri, ma su qualcosa di molto più forte come gli obiettivi, i traguardi da raggiungere.

Spesso, prefiggermi degli scopi definiti ha fatto sì che fossi motivato a compiere piccoli passi quotidiani per raggiungerli, concentrandomi su ciò che era veramente importante per me. Non vivo la vita come se avessi il pilota automatico; do un senso a ciò che faccio e mi dedico a ciò che mi sta a cuore e a ciò che voglio per la mia vita, lasciando da parte ciò che pensano gli altri.

Se si vuole ottenere qualcosa, ci si deve impegnare al massimo con tutte le proprie forze per raggiungere quello scopo.

Fantasticavo da bambino, quello sì! Pensavo all'uomo che avrei voluto essere, ed è esattamente la fotografia di ciò che sono oggi.

È vero che l'esperienza maturata fin da ragazzino ha giocato un ruolo fondamentale nel mio percorso. Ma, oltre a questa, è stata la mia creatività a fornirmi un valore aggiunto. È una dote innata, che ho scoperto d'avere nel tempo, nel momento stesso in cui sono diventato abbastanza grande per dire la mia, per dare suggerimenti se mi venivano chiesti. Non c'è nulla di voluto o studiato, fa parte di me; ho dovuto solo riconoscerla e farne un buon uso. Fa parte del mio essere.

Resta il fatto che ci sono molte cose che al momento non mi posso permettere: tra queste, in cima alla lista, c'è il fallire, il deludere le mie aspettative.

Avevo e ho una così alta stima e ammirazione nei confronti di mio nonno e dei miei genitori che, proprio per questo, non mi posso permettere d'essere meno bravo e qualificato di loro.

Sono i miei maestri, coloro che mi hanno ispirato sempre. E questo significa che essere alla loro altezza è l'unico risultato che accetto da me stesso.

4

Con una stretta di mano diventa tutto realtà

Non so dire esattamente quando, ma ho sempre saputo con certezza, dentro di me, che prima o poi sarebbe arrivato il momento giusto per realizzare qualche cosa di solo mio. Un progetto che avrebbe dovuto impegnarmi in prima persona e dove le responsabilità sarebbero state soltanto mie e di nessun altro. Immaginavo che questa scelta sarebbe arrivata nel momento in cui sarei stato in grado di far fronte a nuovi impegni contando esclusivamente sulle mie forze. Fin da piccolo è stato il mio obiettivo da raggiungere, avrei dovuto solo aspettare che i tempi fossero maturi; nel mentre, era necessario concentrarsi per apprendere il più possibile.

Sarebbe stato troppo facile, per esempio dieci anni prima, chiedere aiuto anche economico ai miei genitori. Non mi è mai venuto in mente, neanche per un secondo.

Era tempo che ci pensavo, e non fantasticando, ma analizzando con attenzione ogni minimo aspetto. Ponderavo i pro e i contro di una scelta che mi avrebbe cambiato la vita. Ormai avete imparato a conoscermi: sulle cose che riguardano il lavoro non sono un impulsivo, anzi le prendo sempre molto seriamente.

Tutto questo non perché volessi distaccarmi dall’attività dei miei genitori: lavorare con loro non mi ha fatto mai sentire stretto in una gabbia, soffocato, non libero d’esprimermi o sotto controllo. Volevo semplicemente mettermi alla prova, lanciare una sfida a me stesso e creare qualcosa che, seppur fortemente legato alla tradizione partenopea e alla mia tradizione familiare, fosse innovativo.

Su questa parola mi fermo per un attimo, perché io le do un significato molto diverso da quello comune.

Che cos’è l’innovazione se non parte della tradizione? La base di tutto, il punto in cui tutto ha inizio, è la tradizione che si può evolvere, si può trasformare, ma non stravolgere. La sostanza rimane quella, tramandata di generazione in generazione; però si cambia la forma. Un cambiamento positivo, in virtù di ciò che già esiste. Questa per me è innovazione.

Tutto il resto è semplice provocazione, trovare un modo per far parlare di sé o generare un possibile vantaggio rispetto agli altri.

Per un puro caso, o meglio per destino, nel 2019 prende concretamente forma la mia nuova idea di ristorazione: *'A figlia d''o Marenaro Innovative.*

Tutto ha inizio quando ho saputo che l'appartamento esattamente sopra al ristorante dei miei genitori, al primo piano di via Foria, era in vendita. Incontrai casualmente il proprietario, che aveva già avuto modo di parlare con i miei genitori per una possibile trattativa. Mi conosceva fin da quando ero bambino, mi aveva visto crescere e gli erano ben note la mia caparbietà nel raggiungere gli obiettivi prefissati e la mia serietà nel lavoro, e quando con una stretta di mano m'impegnai, nei mesi a seguire, ad acquistare il piano sovrastante, tutto ebbe subito il sapore di un nuovo inizio.

Era come pensavo: tutto doveva avvenire al momento giusto, quando fossi stato pronto ad affrontare da solo le spese necessarie e fossi stato preparato a gestire al meglio la mia attività.

È stata un'enorme soddisfazione rivelare ai miei genitori, già preoccupati al pensiero che un estraneo potesse aver acquistato il piano sovrastante al loro ristorante, che ero io l’acquirente misterioso di quello spazio!

Erano felici e orgogliosi della mia scelta. Mio padre era molto emozionato, ma con quel suo fare sempre schivo cercava di controllarsi e mitigare l’entusiasmo; mia madre sprizzava gioia, ma anche lei, quando si tratta di sentimenti, tende a trattenersi, a non mostrare troppo ciò che realmente prova. Questo atteggiamento è uno strascico della loro infanzia, che ho imparato a conoscere e comprendere; quindi so con esattezza, dentro di loro, quanto fossero felici per me.

Mi hanno incoraggiato sin dal primo momento, mi hanno dato consigli e mi hanno assicurato che mi avrebbero sempre sostenuto, se avessi avuto bisogno di loro. Stavo portando avanti una tradizione di famiglia lunga da anni, ripercorrendo la stessa strada intrapresa da mio nonno prima, e dai miei genitori poi: non potevano che condividere questa mia scelta. Lo sapevano anche loro che prima o poi sarebbe successo; il mio percorso era già segnato, anche loro stavano solo aspettando il momento esatto in cui si sarebbe compiuto.

Ho sempre saputo, dentro di me, che avrei dovuto dimostrare molto di più di quello che normalmente un figlio si trova a dover dimostrare ai propri genitori e agli altri. Lo avevo cominciato a capire da bambino, quando mi apprestavo a svolgere i primi lavori nel ristorante dei miei. Non potevo e non volevo far vedere alle altre persone, che avevano più esperienza di me, che nei miei confronti si adottavano delle giustificazioni o delle attenuanti, che si avesse un occhio di riguardo per me.

Avrei dovuto far vedere non tanto ai miei familiari, ma soprattutto agli altri, quanto valevo. Avrei dovuto dimostrare di avere le capacità e le competenze giuste per essere un perfetto ristoratore; in cucina, attraverso la soddisfazione del palato, attraverso la preparazione di piatti equilibrati e belli da vedere, e fuori, in sala, attraverso la giusta attenzione verso i clienti. Tutto doveva essere perfetto, non ci sarebbero dovuti essere errori e neanche piccole sbavature. Questo mi ha portato negli anni a essere molto esigente, in primis nei miei confronti e solo successivamente nei confronti degli altri. Sì, forse tendo a pretendere molto, ma è un difetto che mi si può perdonare facilmente.

Non avrei mai voluto che mi si etichettasse come «il figlio di…». È vero, io ho avuto la fortuna di avere la strada spianata nel trovare fin da subito la giusta direzione da percorrere, ma non ho mai pensato che potesse bastare o fosse solo un vantaggio. I miei genitori mi hanno indirizzato a un mestiere, ma non mi hanno mai facilitato il cammino eliminando le rinunce o i sacrifici.

Non dimentichiamoci che fin da bambino ho imparato prima a fare le pulizie, e solo dopo a servire i tavoli e a cucinare. Non mi sono state mai messe a disposizione scorciatoie o corsie preferenziali. Quando ho iniziato a lavorare nel ristorante di famiglia sono partito dal gradino più basso della scala, quello sempre occupato dall'ultimo arrivato, e non mi è stato risparmiato nulla. Anche in questo i miei genitori sono stati bravi.

Essere «figli d'arte» non è sicuramente così semplice come invece si può pensare. Succede agli attori, ai cantanti e agli artisti in generale: è inevitabile il confronto con i tuoi genitori, che ti hanno preceduto nella stessa attività.

E avere una madre come Assunta Pacifico e un padre come Nunzio Scicchitano può generare numerosi pensieri. Gli stessi pensieri che ho avuto io, che mi hanno portato a cercare d'impegnarmi al massimo, lavorando in maniera precisa e instancabile.

A oggi, posso dire di non avere nessuna etichetta

appiccicata sulle spalle. Penso di essere riuscito nel mio intento di dimostrare che non sono solo il figlio di *'A figlia d''o Marenaro*: mi sono costruito un'identità solo mia, come Giuseppe Scicchitano.

I lavori di ristrutturazione del nuovo locale sono stati lunghi, molteplici e complessi. La struttura esterna è sempre stata di grande prestigio, trattandosi di un palazzo antico di via Foria, a pochi passi dall'Orto Botanico: una delle strade più «borboniche» di Napoli. L'interno avrebbe dovuto rispecchiare, nel mio immaginario, uno stile barocco, ricco ma allo stesso tempo intrecciato con il contemporaneo.

Il mio ristorante doveva essere un luogo di memoria, dove le antiche ricette di famiglia sarebbero state rivisitate e l'amore per l'ospitalità sarebbe stato incorniciato da un arredamento elegante ma semplice.

La mia idea, fin da subito, era quella di voler accogliere i clienti in una sala d'altri tempi, un'infinità di grandi stanze con antiche e robuste travi di castagno sul soffitto.

Le sale dovevano avere un design elegante ed esclusivo; dovevano essere rese diverse l'una dall'altra ma accomunate da un unico tema, sia nell'architettura sia negli arredi, secondo un fil rouge ben disegnato.

Tutto doveva essere perfettamente identico a come io lo avevo visto materializzarsi nella mia testa. Non potevano mancare aree dedicate ai crudi, con vetrina a vista.

Bisognava suscitare nei miei clienti un'emozione legata alla cucina tradizionale di altissimo livello, che però fosse alla portata di tutti, in un contesto urbano sui generis. Avrei dovuto arricchire il locale anche con uno spazio per cocktail e aperitivi, che fin da subito mi sono augurato diventasse un punto di riferimento per Napoli e i napoletani. I miei clienti avrebbero dovuto sentirsi a proprio agio, meglio di come si sarebbero sentiti in casa loro.

Per accedere a *Innovative* non ho mai sentito l'esigenza di realizzare un'entrata particolare, a sé stante rispetto al ristorante di famiglia. Per accomodarsi ai tavoli di *Innovative* bastava entrare nel locale dei miei genitori e percorrere una rampa di scale per arrivare al piano di sopra. Ho voluto che in quel corridoio di scale ci fossero, ben in vista, le foto di famiglia che ripercorrono la mia storia, la nostra storia. Un omaggio a loro. Il mio ristorante avrebbe dovuto rappresentarmi al meglio, dare una lettura di chi sono e soprattutto di cosa offro ai miei clienti.

Tutto è stato scelto con cura, studiato e pensato. Niente è stato lasciato al caso.

5

'A figlia d'"o Marenaro Innovative

Il 27 novembre 2019 ho spalancato le porte a questa nuova avventura.

'A figlia d'"o Marenaro Innovative era diventato realtà. Ero emozionato, ma il mio autocontrollo ha permesso che tutto funzionasse nel migliore dei modi.

Il giorno dopo l'apertura, questo mio nuovo progetto è stato definito da un critico gastronomico in questo modo: «un progetto enogastronomico dedicato all'innovazione, quella che parte dalla tradizione e diventa ricerca».

Il mio progetto era stato perfettamente capito. Questa descrizione mi ha fatto molto sorridere e nello stesso tempo mi ha fatto immensamente piacere. È vero che il mio progetto enogastronomico parte dalla tradizione per arrivare all’innovazione ed è anche vero che, dietro a ogni dettaglio, sia dentro che fuori dalla cucina, c’è una ricerca, c’è uno studio, nulla è frutto del caso. Intorno a me, oltre alla mia famiglia, ho il sostegno di uno staff altamente qualificato, persone che hanno creduto in me fin dal primo momento e che continuano a farlo. Non sono solo persone con cui lavoro, ma una seconda famiglia.

Il menù di *Innovative* doveva ripercorrere la storia di Napoli attraverso le vicende di famiglia e diventare anche uno strumento di salvaguardia e tutela del territorio e della cultura partenopea. Proprio per questo motivo, abbiamo deciso che il dialetto napoletano avrebbe dovuto essere presente nel nostro progetto: ogni piatto è stato così denominato anche in dialetto partenopeo. Una scelta fortemente voluta da me, perché sempre legata al concetto di non voler dimenticare… Non smetterò mai di dirlo e lo ricorderò costantemente anche a mio figlio, Nunzio, quando sarà più grande: non bisogna mai dimenticarsi da dove si arriva, quali sono le nostre origini.

Insieme a tutto questo, racconterò a mio figlio la storia del suo bisnonno, dei suoi nonni e di come suo padre ha perseguito un obiettivo fino a raggiungerlo. Spero che un giorno possa essere fiero del suo papà e di tutto quello che sta facendo, anche per lui, nonostante i momenti di difficoltà.

In effetti, le prime due settimane di apertura di *‘A figlia d’‘o Marenaro Innovative* mi hanno messo a dura prova.

Sono cresciuto tra i tavoli di un ristorante di famiglia, sempre pieno e affollato, su più turni, dove le continue prenotazioni mettevano ogni giorno a dura prova la sistemazione dei clienti in sala e non mi sarei mai aspettato che la mia nuova proposta culinaria venisse recepita in maniera così «debole».

La colpa di questo la devo solo ed esclusivamente a me.

Mi hanno insegnato che le colpe di un possibile insuccesso devono essere sempre e solo attribuite a noi stessi, mentre i successi sono da condividere con l’intera squadra di lavoro. E così è stato. La colpa era solo mia.

Non mi sono voluto fermare troppo a cercare la possibile causa del momentaneo insuccesso: era inutile crogiolarsi sul problema e parlarne troppo, così la soluzione non si sarebbe mai trovata.

Bisognava cercare di escogitare un modo per ribaltare quell’inizio poco glorioso.

Ma se oggi, a distanza di anni, mi fermo a pensare a una possibile motivazione di una partenza così poco gloriosa, trovo sicuramente due punti che hanno giocato a mio sfavore.

Non posso non prendere in considerazione il fatto che Napoli è un territorio molto difficile per inserirsi nella ristorazione: c'è una vasta scelta, alla portata di tutte le tasche e di tutti i gusti. La cucina partenopea viene presentata e proposta quasi ovunque.

Devo anche sottolineare un mio sbaglio: quello di aver utilizzato una comunicazione non corretta, forse poco chiara. Ho insinuato il dubbio, a possibili clienti, che cenare da *Innovative* avrebbe comportato una spesa esagerata. Bene, non è così… ma questo è quello che penso sia stato percepito da molti nelle prime due settimane di apertura.

Il passaparola e l'aver offerto una proposta di cucina napoletana nuova, insolita, abbinata a un'altissima qualità di materie prime, hanno fatto sì che pian piano la situazione si ribaltasse: dalla terza settimana in poi le prenotazioni sono arrivate e il locale improvvisamente si è riempito, sempre su tre turni differenti.

Di *Innovative*, quello che ha sicuramente avuto più successo e ha sorpreso fin dall'inizio è il menù, composto da alimenti di altissimo livello, legati al territorio campano.

La fanno da padrone i crudi e le tartare, il plateau di mare con scampi, gamberi viola e ostriche Titan (un'ostrica speciale allevata in Normandia), e la cheesecake di mare Maria, con base di fresella sbriciolata e ricotta in salvietta, su cui è appoggiata una tartare di gamberi rossi.

Tra i primi piatti, i gamberi alla chitarra rovente: gli spaghetti alla chitarra monograno Felicetti sono serviti con tartare di gamberi nel suo ristretto e completati al tavolo dal flambé, che regala una nota affumicata.

Non mancano in carta gli spaghetti alle vongole, le candele al ragù napoletano, il baccalà in olio cottura, la frittura di paranza e il sauté di vongole. Come proposta giornaliera c'è tanto pescato da cucinare secondo le preferenze. Per dessert, il *Soffio diplomatico*: pasta sfoglia croccante, cioccolato bianco con frutti di bosco e crema diplomatica.

«Mamma mia!» Questa è l'esclamazione, che ormai avete imparato a conoscere sulle mie pagine social, e che userei anche per descrivere le nostre proposte enogastronomiche.

I piatti da noi realizzati testimoniano la continua evoluzione di un'offerta gastronomica piena di energia, dove molte specialità comunque si rifanno alla classica scuola partenopea, dai sapori tradizionali e mediterranei.

Ad accompagnare il tutto, una grande proposta di vini, con una lista incredibile che spazia dalla Campania e fa il giro del mondo. Per chi ama i drink, il bartender non si risparmia in cocktail a tema, sapientemente abbinati ai piatti.

Come spesso accade nella mia vita, tutto è stato studiato alla perfezione. Fino a quando qualcosa che nessuno avrebbe potuto prevedere ha posto un freno al lavoro: a marzo del 2020 la mia attività è stata bloccata, insieme a tutte quelle categorie professionali simili alla mia.

La pandemia.

Il Covid.

Le restrizioni.

Le aperture e chiusure a singhiozzi.

Non voglio soffermarmi troppo su tutto quello che la pandemia ha comportato. Di quel periodo della mia vita ricordo – e di questo sono orgoglioso – di essere riuscito a garantire uno stipendio sicuro, per tutto il periodo di chiusura, alle persone che hanno creduto fin da subito nel mio progetto e che lavoravano per me, insieme a me... Di aiuti esterni ce ne sono stati davvero pochi. Ho dovuto contare solo sulle mie forze. La Cassa Integrazione, di cui si parlava tanto, non arrivava mai.

Quando abbiamo chiuso il ristorante, il personale era composto da sedici unità; alla nuova apertura, al mio fianco c’erano le stesse persone a supportarmi, una sorta di seconda famiglia.

Come ho già detto, sono molto orgoglioso di questo, è una grande soddisfazione personale.

In quel periodo ricordo che la mia vita si era fermata. Fin da bambino ero stato abituato ad avere il tempo scandito da abitudini, orari, impegni e lavoro. Possiamo dire che il mio tempo *era* il lavoro. E il lavoro *era* il mio tempo. Non ho mai avuto grandi hobby o interessi al di fuori della ristorazione. Ed era come se improvvisamente, dentro di me, non riuscissi più a percepire il mio valore, avendolo sempre associato al successo della mia attività; il mio valore era essere un bravo lavoratore, impegnato nella realizzazione dei propri obiettivi.

Per quel sacrosanto senso del dovere e per quell’altissima considerazione che gli attribuisco, di colpo era come se le mie giornate non avessero più un senso.

Nella mia professione, al contrario di come è capitato per altre, non c’erano soluzioni alternative per proseguire con l’attività: questa volta, nessuna delle mie azioni poteva cambiare le cose. Ero, per la prima volta, impotente.

Ma il motivo per cui non voglio dilungarmi molto su quel periodo della mia vita è il fatto che non è mia abitudine piangermi addosso, e in quella situazione si poteva fare ben poco, se non aspettare la fine dell’epidemia e il ritorno alla normalità.

Non voglio e non posso dimenticare che in quei mesi hanno perso la vita all’improvviso molte persone, padri e madri di famiglia, figli… e la situazione che quelle famiglie stavano vivendo nelle loro case, negli ospedali, era sicuramente peggiore della mia. Anzi, non può neanche essere messa a confronto. Porto rispetto per le persone che hanno perso la vita e per le famiglie che ne hanno subito le conseguenze in quel tragico periodo. A tutto c’è un rimedio, tranne che alla morte.

Dall’esperienza di quei mesi sconvolgenti, per quanto posso, traggo insegnamento.

I problemi economici si risolvono sempre, si trova comunque un modo per risollevarsi e guadagnare. Questo non perché do poco valore al denaro, anzi, forse proprio perché gli attribuisco il giusto valore. Sono sempre stato abituato a guadagnare lavorando ed è l’unico modo che conosco per procurarmi i soldi necessari.

Proprio perché non è mai stata mia abitudine lamentarmi, ho capito presto che l’unica cosa in mio potere, in quel periodo, era fermarmi a riflettere su di me e sul mio progetto. E così ho fatto.

Innovative aveva visto la luce. Ora era arrivato il momento di farlo crescere.

6

Innovative, a mia immagine e somiglianza

Innovative viene riaperto definitivamente tra la fine del 2021 e l'inizio del 2022.

Tutto quel periodo di fermo forzato mi ha permesso di riflettere molto, studiando il modo giusto di farlo crescere e scegliendo la comunicazione corretta da adottare per farlo conoscere, non solo a Napoli e provincia. Volevo che il mio ristorante fosse noto per la qualità dei piatti e per l'attenzione che si riservava ai clienti, accolti in un ambiente che li facesse sentire a proprio agio.

Come prima cosa, quindi, mi sono dedicato a una seconda ristrutturazione, una nuova veste scenica che rappresentasse ciò che sono e quello che i miei clienti si sarebbero aspettati di trovare all'interno del mio locale.

Questa esigenza non è stata dettata da un capriccio, da una volontà di ostentazione... In quel lungo periodo di aperture e chiusure a singhiozzo, ho sentito la forte esigenza di rendere il mio locale il più possibile simile a ciò che io sono. *Innovative* doveva essere a mia immagine e somiglianza.

Il mio ristorante, oltre a rappresentarmi, avrebbe dovuto acquistare un senso e un significato profondo, lo stesso valore che aveva già dentro di me. Avrebbe dovuto custodire emozioni, le stesse che in cuor mio provavo quando mi rendevo conto di aver realizzato l'obiettivo che per me rappresentava tutto. Doveva essere in grado di raccontare la mia storia, di riflettere in maniera perfetta il mio percorso e chi ero diventato, grazie all'impegno e ai sacrifici.

Volevo anche che in *Innovative* ci fosse uno spazio creativo che raccontasse la mia Napoli tramite la cucina, che resta e resterà sempre fedele a sé stessa, ma anche tramite opere di artisti in grado di mostrarla al meglio. E la mia scelta è ricaduta su un elemento che ricorre in maniera costante nella mia vita e in quella della mia famiglia: il mare. Non potrei stare senza; racchiude nella sua immensità tutto quello che siamo. È grazie a lui che riusciamo a portare in tavola ogni giorno le nostre prelibatezze. Il suo colore, immensamente blu, sia d'estate sia d'inverno, e le sue mille sfumature mi trasmettono da sempre una sensazione di calma e tranquillità. Nonostante sia in continuo movimento, fa scaturire in me sensazioni profonde, mi infonde benessere e mi mette di buon umore.

Ecco perché scelsi di arricchire le pareti con le fotografie scattate sott'acqua dal fotografo Pasquale Vassallo, scatti realizzati in diversi punti di immersione del Golfo di Napoli. L'artista è in grado di mostrare una prospettiva insolita e originale del mare, la ricchezza dei fondali marini e le bellezze storico-artistiche e naturalistiche che si stagliano al di sopra.

La cucina, poi, doveva essere a vista: è lei la forza motrice di tutto, insieme alla brigata che la compone. Il cuore pulsante che permette al ristorante di vivere.

Sempre pulita e lucida, sia per le grandi occasioni sia in qualsiasi altro momento. La pulizia è un *modus operandi* della famiglia Scicchitano, una vera e propria ossessione, senza non si va da nessuna parte. È stato uno dei primi insegnamenti dei miei genitori. Da qualsiasi punto della sala si può osservare la maestria della squadra ai fornelli.

Il locale è stato ristrutturato da *Duoo – Architecture & Design*, e ho voluto arricchirlo con nuovi ambienti, di cui fanno parte la terrazza con un grande acquario e i tavoli siglati dalla casa di moda italiana *Dsquared*. Una vera chicca è la sala *Laurent-Perrier*: otto posti esclusivi, realizzati in partnership con la maison francese, a cui io stesso ho fatto progettare un tavolo innovativo per accompagnare il servizio dello Champagne, senza perdere spazi per le portate.

Una volta realizzata una nuova veste di *Innovative*, ho pensato bene di stravolgere la comunicazione fatta fino ad allora. Era necessario per poter presentare al meglio il nuovo progetto.

Per parlare di questo devo fare un passo indietro e tornare al 2008, quando avevo preso in mano i social di mia madre Assunta. Ho passato intere ore a cercare di capire cosa si potesse inventare di diverso, per poter rivoluzionare tutto quello che era stato fatto fino a quel momento.

La comunicazione tradizionale stava pian piano passando di moda: fino ad allora, il passaparola era stato uno dei metodi più potenti di promozione – le raccomandazioni personali, provenienti da amici e familiari, erano considerate estremamente affidabili. Un cliente che usciva dal tuo locale soddisfatto poteva facilmente portare nuovi clienti, semplicemente parlando della sua esperienza positiva. Il passaparola a Napoli, come credo anche in tantissime altre città, è sempre stato un elemento importante: creava un senso di comunità attorno al tuo ristorante. Le esperienze culinarie condivise durante pranzi o cene diventavano racconti che viaggiavano di bocca in bocca, contribuendo a costruire una reputazione solida e duratura, e infatti hanno reso il nostro ristorante di famiglia un'attività di successo. Grazie a questo, siamo riusciti a diventare molto noti, sia all'interno di Napoli, sia fuori dalla regione, grazie al viavai continuo anche dei turisti, che venivano in questa zona per un viaggio all'insegna del vero gusto partenopeo, ma allo stesso tempo vivevano anche un'esperienza in una cultura non solo gastronomica.

A fianco del passaparola tradizionale, si cominciava a dare importanza alla comunicazione digital applicata alla ristorazione. Quasi tutti i ristoratori, per presentare il proprio locale e la loro offerta, mostravano foto dei loro piatti. Si trattava di scatti realizzati velocemente, con la pietanza in primo piano e poco altro. Quelli di mia madre non erano molto differenti. Non c'era ancora una cura maniacale e una ricerca della perfezione nelle foto scattate. Spesso le immagini utilizzate risultavano poco belle e accattivanti, e in ogni caso venivano postate perlopiù immagini statiche.

Analizzando bene quello che fino ad allora veniva proposto ai follower, mi resi conto che non rappresentava in maniera corretta ciò che era *'A figlia d''o Marenaro* e la sua offerta culinaria: mancavano la passione e l'anima, la stessa anima che lei era in grado di trasmettere appena si varcava la porta del ristorante.

L'occasione perfetta per iniziare con una nuova comunicazione si è presentata, in maniera inaspettata, quando siamo stati invitati a partecipare al Pizza Village presso *Vulcano Buono*, centro commerciale di Nola (Napoli). In questa occasione, abbiamo ritenuto opportuno realizzare dei video per portare i nostri follower con noi, raccontando la nostra giornata dall'inizio alla fine. Ho pensato anche che fosse giusto; spronavamo i nostri «seguaci» a venirci a trovare, annunciando loro che dalle 21.00 alle 22.00 saremmo stati pronti ad accoglierli con una nostra proposta culinaria: una pizza speciale, alle cozze. Il racconto continuava e tramite video mostravamo tutto quello che facevamo durante queste giornate. I video delle giornate si concludevano così come si conclude nella realtà un turno di servizio nel ristorante: facendo le pulizie.

È proprio in questa circostanza che nasce per la prima volta una frase che ormai è diventata celebre, a conclusione di ogni video.

«Pulizia, qualità e tanto cuore»: la stessa frase che tutt'oggi è utilizzata da mia madre a conclusione di ogni attività postata sui suoi canali Instagram e TikTok.

Mi ero fatto l'idea che mia madre dovesse continuare così: le ho esposto quel concetto, dicendole che la comunicazione social avrebbe dovuto seguire quel percorso. Da quel momento in poi avrebbe dovuto realizzare video parlati, la narrazione avrebbe dovuto essere il più veritiera possibile, rispecchiando le sue giornate e il suo lavoro. Perché, diciamolo, il pubblico si rende conto subito se stai fingendo o se non sei del tutto genuino: più riesci a essere autentico, più acquisisci credibilità. Soprattutto quando non fai l'influencer ma rappresenti solo te stesso e la tua attività.

Assunta *'A figlia d''o Marenaro* avrebbe dovuto presentare sui suoi canali social non solo il piatto pronto per essere servito, ma anche tutto quello che comporta la preparazione in cucina. Non solo: anche l'arrivo al mattino presto del pescato del giorno nella cassetta di polistirolo, insieme al ghiaccio, e tutti gli ingredienti tipici della cultura partenopea come pomodoro, aglio, limone, pasta… Mia madre avrebbe dovuto spiegare a chi non è di Napoli cosa vuol dire sedersi a un tavolo di *‘A figlia d’‘o Marenaro*. Avrebbe dovuto condividere dei contenuti che rappresentassero la sua professione, il suo modo particolare e avvolgente di essere sempre presente nel ristorante di famiglia.

Lo so che è difficile crederlo ora, ma lei all’inizio era molto intimorita, quasi spaventata da questa mia proposta. Mi ha ascoltato con interesse, però non ha manifestato fin da subito il grande entusiasmo che è solita dimostrare davanti a tutte le novità che le si presentano. All’inizio non riuscivo realmente a capire il motivo di questa sua reticenza, non capivo che cosa la frenasse, cosa la preoccupasse…

Poi mi ha finalmente detto la verità.

La sua grande paura era quella di non riuscire a esprimersi con le parole in maniera corretta. Aveva il timore di non saper parlare in italiano in modo fluido, di commettere dei gravi errori, non avendo avuto la possibilità di studiare. Mi è sembrata fin dall’inizio una follia!

Io in lei non vedevo nulla di tutto questo, e non era solo la giustificazione di un figlio, poco lucido nei confronti della propria madre; sono sicuro che qualsiasi persona che si rapportasse a lei, ogni giorno, non facesse neanche caso a quello che per lei invece era un potenziale problema.

L'ho convinta con non poca fatica, spiegandole che non aveva importanza se sapeva o meno parlare in italiano corretto. Ha sempre avuto un grandissimo carisma e un'innata presenza scenica; come usiamo dire, *sta in coppa a pezza tutti i iurni* – sa meglio di chiunque altro cosa esattamente serve per presentare perfettamente la sua professione.

È nata con il mare nel sangue. Non ci sono segreti che lei ignori sul pescato: conosce alla lettera ogni sapore ancora prima di assaggiare un alimento. Era la persona giusta per valorizzare al meglio, anche sulle piattaforme digital, la sua attività e la proposta che presentava.

Il suo primo video è stato realizzato mentre, come dice lei, aveva fatto *'o riccio al polpo*: si trovava in cucina e spiegava il modo più indicato per cucinare un polpo.

Inaspettatamente ebbe migliaia di visualizzazioni e commenti: questo l'ha portata in seguito a essere ciò che è oggi, a condividere quello che ogni giorno mostra di sé e della sua attività. Non dimentichiamoci che negli anni mia madre ha anche ricevuto numerosi e importanti riconoscimenti, tra cui il Leone d'Oro di Venezia, il premio alla carriera dei cuochi

Apci e la medaglia d'oro per l'imprenditoria dall'Università Federico II di Napoli… Tutto questo indipendentemente dal suo sapere o meno parlare in italiano corretto.

Questo enorme successo fu anche il motivo per cui fu scelta come protagonista di un format televisivo andato in onda su Food Network, dal titolo *La regina del mare*.

La serie ha portato i telespettatori alla scoperta del dietro le quinte del family business di mia madre, un progetto dedicato alla sua vita, ai suoi segreti. Porta in scena quello che lei è nella vita, ma elargisce anche consigli per le preparazioni perfette, suggerimenti sul periodo migliore per acquistare le cozze con un ottimo rapporto qualità-prezzo e su cosa portare in tavola per accontentare anche chi non ama il pesce con le spine.

Qui compaiono, per la prima volta, anche le mie sorelle gemelle Carmela e Maria, che si cimentano nella preparazione dei dolci in tv. Loro sono affabili, solari, con lo stesso fascino mediterraneo di nostra madre. Anche loro, come me, sono cresciute nel ristorante di famiglia, occupandosi in primis di lanciare la parte del digital marketing: sono state loro a creare e promuovere *'A figlia d''o Marenaro* shop, incrementando con creatività la gamma di ricordi da far portare o spedire a casa ai clienti più affezionati e ai «marinari lovers», come vengono chiamati coloro che apprezzano lo stile marinaresco dello storico ristorante di via Foria.

Solo nel 2023 è stata ufficializzata l'area di competenza delle mie sorelle, la pasticceria del ristorante. Sono imbattibili nella preparazione di un semifreddo con fragole o limone. I loro dolci sono un tripudio per il palato e sanno donare ai clienti una degna conclusione del pasto. La loro creatività e l'attenzione che hanno nei confronti dell'alta qualità dei prodotti le hanno portate a rinnovare la carta dei dolci e le offerte per le festività, tanto che per il Natale hanno presentato uno speciale panettone dalla lunga lievitazione, con cuore di albicocca «pellechiella» del Vesuvio Igp e copertura di due gusti differenti: una al cioccolato bianco e l'altra al caramello salato e cioccolato. Due versioni estremamente diverse, nate dallo stesso impasto e farcitura interna. Un po' come loro, che sono gemelle, ma comunque differenti.

Mi sembra doveroso qui dedicare uno spazio alle mie amate sorelle. Sono un uomo fortunato ad averle nella mia vita. Loro ci saranno sempre per me e io per loro, sono due punti saldi della mia esistenza. Non hanno bisogno che racconti loro il mio passato: ne hanno fatto parte, lo hanno vissuto anche loro, anche se magari in maniera differente. Pur essendo gemelle, sono molto diverse tra di loro. Maria mi assomiglia tanto esteticamente, mentre Carmela a livello caratteriale. Sono le sorelle che ogni fratello vorrebbe avere: appoggiano sempre le mie scelte e sanno infondermi il giusto entusiasmo e la carica necessaria per andare avanti nel perseguire i miei obiettivi. Chiedo spesso consigli a loro, mi fido molto del loro giudizio. Sanno essere acute e nello stesso tempo possiedono anche loro una buona dose di creatività.

A ogni successo e traguardo raggiunto, loro ci sono state. Mi emoziona molto vedere i loro occhi lucidi mentre gioiscono insieme a me, per me… Mi succede la stessa cosa quando si trovano a raggiungere un traguardo: loro sono orgogliose di me e io di loro. Siamo molto uniti dall'affetto che ci lega, e questo legame è stato ulteriormente rafforzato dalla condivisione lavorativa.

Eppure, anche se siamo fratelli e ci siamo occupati a lungo delle stesse mansioni, non significa che facciamo tutto allo stesso modo. Anche dal punto di vista della comunicazione.

Quello del digitale è un mondo che mi ha sempre incuriosito e affascinato. Però, di fatto, ho scelto fin da subito d'impostare la mia comunicazione in maniera totalmente differente rispetto a mia madre: ho optato per il silenzio, nessuna parola, nessun suono, solo il rumore della cucina e delle materie prime usate per presentare i piatti. Sono loro i veri e i soli protagonisti di tutto.

I miei video sono arrivati ad avere oggi, solo su TikTok, più di seicentosettantamila follower, con una media di sei milioni di «mi piace». Alcuni raggiungono anche i venti, venticinque milioni di visualizzazioni. Un risultato inaspettato, frutto di una mia lunga analisi e di un incontro propizio...

Niente è stato dettato dal caso o dalla fortuna. Credo poco a entrambi, li reputo passeggeri. E non credo neanche che la fortuna sia in grado di influenzare in maniera positiva o negativa gli eventi: solo l'impegno, i sacrifici e la determinazione possono farlo.

La comunicazione digital legata alla ristorazione negli ultimi anni ha avuto una rapida trasformazione. La comunicazione visiva, così come siamo abituati a concepirla oggi, è immediata, ma allo stesso tempo bisogna catturare in una manciata di secondi l'attenzione di chi ti sta guardando. La scelta di cosa guardare e per quanto tempo è molto veloce, possiamo dire immediata: se un contenuto non cattura subito la nostra attenzione, l'interesse per quello che stiamo guardando svanisce e all'istante, con un semplice scrollo, cerchiamo un altro contenuto più interessante.

Quello che piace maggiormente alle persone, quando vedono i miei video o le mie storie, è sicuramente il trovarsi davanti una persona che mostra senza filtri la verità della sua professione. Sono reale: mostro la mia vita.

Come in tutto il resto, anche in questo caso ci metto la faccia. Non faccio lo scemo presentandomi con balletti, canzoncine e movenze ridicole, mi sentirei ridicolo io stesso nel farlo. Non sarei me stesso. Mostro una professione, la mia, per giunta nel luogo di lavoro dove passo più tempo in assoluto.

Chi mi segue si trova davanti la mia figura, vestita di tutto punto, che da dietro al bancone mostra il pescato del giorno o le materie prime che poi utilizzeremo per preparare il nostro menù. Prendo la cassetta di polistirolo che arriva direttamente dal mercato del pesce e l'appoggio in maniera decisa sul bancone. Con i guanti prendo in mano gamberoni, cozze, ostriche e vongole, ma anche grappoli di pomodorini, limoni della Costiera Amalfitana, ogni prodotto della terra e del mare è protagonista dei miei video. In alcuni, partendo dalle materie prime, mi metto ai fornelli e preparo il piatto; un risotto ai crudi di mare, delle linguine al gambero rosso con tartare di carabinero. Finito il piatto, mi siedo a tavola e lo assaggio.

Neanche una parola da parte mia. Gli unici suoni ben distinti sono: lo scricchiolio della corazza dell'aragosta e lo sfrigolio dei pomodori in padella, il rumore di sacchetti di carta che vengono aperti per presentare delle fave, l'acciottolio di pentole che cozzano tra loro, il suono dei gusci di cozze e vongole che vengono aperte.

I miei video sono volutamente silenziosi e non descrittivi, a eccezione di quel gesto finale, quando avvicino le mani alla bocca raccogliendole quasi in un bacio e pronunciando la frase che ha fatto il giro del mondo su tutte le piattaforme, grazie alla condivisione dei miei video, arrivando ad avere milioni di visualizzazioni: «Mamma mia!».

I miei account social sono per me come un vestito, non mi stancherò mai di dirlo. Ti deve stare bene quando lo indossi e devi sentirti a tuo agio; e io in quella situazione sono perfettamente a mio agio. Sono me stesso e non potrei mostrare nulla di diverso.

Allo stesso modo sono a mio agio nell'indossare una divisa di lavoro, composta dal mio immancabile completo blu e dalla cravatta. Sì, proprio così, per me è una divisa da lavoro, perché il lavoro è una cosa seria e come tale va preso.

Non mi sentirei a mio agio e rispettoso nei confronti della mia professione se indossassi qualcosa di diverso. Gli indumenti che scelgo di mettere nel mio poco tempo libero, a mio parere, non sono indicati per la mia professione: se li usassi sul lavoro, mi sentirei a disagio, fuori posto.

In molti si chiedono come mai uso quel tipo d'abito, in qualsiasi occasione lavorativa. La risposta è meno complessa rispetto a quello che qualcuno potrebbe pensare: la mia scelta è ricaduta su questo colore perché da sempre il blu è un colore che mi rappresenta, in maniera particolare.

Mi pare che emani positività, è il colore che costantemente mi ricorda il mio mare ed è pure il colore di Napoli.

Non mi definisco e non voglio essere definito *food creator*, né imprenditore, perché al momento non sono nessuna delle due cose. Sono e resterò sempre un ristoratore, capace di far fronte a tutte le necessità del proprio ristorante e allo stesso tempo capace di fare tutto all'interno della propria attività.

Nella mia testa c'è stata sempre una netta distinzione tra l'essere un ristoratore e l'essere un imprenditore. Sono due figure professionali che stimo e apprezzo molto, ma riesco a percepire delle differenze sostanziali che le distinguono nettamente.

L'imprenditore amministra tutto da lontano, non vive in prima persona le proprie attività, se non in maniera sporadica, e il più delle volte delegando gli altri al suo posto. Deve seguire più progetti allo stesso tempo, magari in parti differenti del mondo, e questo non gli permette d'essere sempre presente.

Molto spesso, poi, l'imprenditore si trova ad avere conoscenze specifiche diverse rispetto all'area di riferimento. Non sempre è nato e cresciuto in un ristorante, osservando quello che gli si presentava davanti, come invece è accaduto a me.

Provo una grande ammirazione per questa figura professionale: non dev'essere facile riuscire a gestire tutto nel modo migliore, specialmente quando gli impegni sono molti e dislocati in luoghi differenti.

Non escludo che negli anni a venire possa diventare anch'io un imprenditore, mi piacerebbe molto. Nella mia testa ho già come obiettivo quello di potermi espandere, presentare la mia proposta gastronomica in altri luoghi, anche lontani tra di loro; solo a quel punto potrei prendere in considerazione l'idea di essere anch'io un imprenditore. Fino a quel momento sarò un ristoratore.

Quest’ultima figura – come me, come mio padre, come mia madre – vive in prima persona la propria attività. È sempre presente e tende a non delegare la completa gestione e la responsabilità della propria attività agli altri. Il ristoratore lotta e fatica ogni giorno a fianco del proprio staff e come me è in grado di assolvere a qualsiasi mansione faccia parte della propria attività. Posso passare tranquillamente a servire ai tavoli se ce ne dovesse essere bisogno, o entrare in cucina a dare una mano, o accogliere i clienti, se non dovesse essere presente un cameriere. Non c’è nulla che non sappia fare nella mia attività e non mi spaventa farlo se si presenta la necessità. Non mi ha mai spaventato lavorare.

Devo poi analizzare una definizione che non mi piace molto e dalla quale mi sento rappresentato solo in parte: il *food creator*. Non lo sono in alcun modo. Non consiglio alla mia community aziende, locali, ristoranti del settore food & beverage, non pubblicizzo nulla e non è mia intenzione farlo. Io non mostro attività che fanno altri, rappresento solo ciò che sono e il mio lavoro. Presento ciò che so fare, ciò che faccio tutti i giorni.

Accompagno chi mi segue a vivere un’esperienza nel mio ristorante. Mostro la preparazione, i piatti e gli spazi del locale. Quando, come sta accadendo ultimamente, mi capita di essere invitato a manifestazioni culinarie, porto la mia professionalità e le mie preparazioni, e anche in quel caso sui social mostro quello. Non mi piace mettere in piazza la mia vita privata: l'ho fatto in passato, postando qualche foto delle vacanze con mia moglie o la mia famiglia, scattavo una sorta di cartolina ricordo, di un momento spensierato lontano dal lavoro. Anche quello sono io, ma in minima parte, nei brevissimi spazi di tempo libero.

Non avrei mai pensato di arrivare a questi risultati numerici sulle mie piattaforme digital. Ma tutto questo non sarebbe stato possibile se non avessi incontrato Francesco di *Campania Food Blog*.

C'è un antico detto napoletano che recita: «La fortuna di un uomo è sempre un altro uomo». Ebbene, senza Francesco non avrei ottenuto questi risultati. Già dal primo incontro e dalla realizzazione del primo video insieme, il nostro rapporto si è basato sull'onestà e la schiettezza. Le prime parole che mi disse furono: «Facciamo il primo video insieme, con un contenuto che ho studiato per te. Se ti piace, se va bene, poi capiremo come andare avanti». Il destino ha voluto che il primo video, realizzato mentre preparavo un king crab, raggiungesse più di trentacinque milioni di visualizzazioni su tutte le piattaforme dove era stato postato, in pochissimo tempo. Diciotto milioni di queste visualizzazioni venivano solo da TikTok. Da quel momento ha avuto inizio la nostra collaborazione, che dura anche oggi.

Ci confrontiamo spesso e troviamo insieme nuove idee per i video e i piatti da realizzare. Il nostro rapporto, però, non è solo lavorativo: Francesco con il tempo è diventato uno di quei pochi amici importanti che ho nella vita, praticamente un fratello. Non smetterò mai di ringraziarlo per quello che ha fatto e fa ogni giorno.

Come ho accennato, spesso sono talmente assorbito dal mio lavoro e dagli impegni che ne conseguono che diventa difficile poter incastrare, oltre alla vita privata, anche il lavoro sui social. Sì, perché ormai anche questo, per l’impegno che comporta, è diventato un lavoro vero e proprio. Francesco mi sprona nel giusto modo, trova ogni volta le parole migliori per far coesistere tutto in maniera perfetta. Insomma: è preziosissimo per me e sarò sempre grato a lui e a quello che fa. Le nostre teste, poi, in fatto di creatività sono particolarmente in sintonia: questo è molto stimolante, un confronto continuo e un arricchimento costante.

Non ho mai voluto essere famoso, non ci ho mai minimamente pensato. Neanche da bambino, quando si poteva fantasticare di essere come qualcuno di celebre, ho mai avuto miti di questo genere. Oggi però capisco di essere molto noto. Ho preso coscienza di questa realtà quando per la prima volta mi si è avvicinato timidamente un ragazzo e mi ha chiesto di fare una foto con lui. Sono rimasto stupito: non me lo sarei mai immaginato.

Sono consapevole di non essere un cantante famoso, un attore o un volto noto della televisione, ma non posso non ammettere che è stato per me un enorme riconoscimento. Mi ha fatto molto piacere.

Un altro segnale che mi ha fatto percepire chiaramente la mia (non cercata) notorietà è stato quando un famoso calciatore della Lazio è venuto a cena da *Innovative*. Mi sono reso conto che era lui grazie a un mio collaboratore di sala, che lo aveva immediatamente riconosciuto. Aveva prenotato un tavolo per un venerdì sera qualunque, senza fornire il suo cognome. Abbiamo fatto tutti il nostro lavoro nel migliore dei modi, come sempre. Alla fine della cena, quando ormai si era creata un'atmosfera più rilassata, mi ha confessato d'essere venuto apposta da

Roma a cenare nel mio ristorante dopo avermi seguito sui social: era incuriosito da me e dai miei piatti, e aveva voluto conoscermi di persona e assaggiare le nostre offerte. Ha anche aggiunto, e questo mi ha fatto sorridere, di aver scelto cosa mangiare guardando i piatti che avevo presentato su TikTok. Questo incontro mi ha reso orgoglioso e mi ha dato una grande conferma: quello che stiamo facendo sta andando nella giusta direzione. Le nostre scelte, portate avanti con caparbietà e un pizzico di follia, sono quelle giuste, e stanno portando i risultati sperati. Ma è solo l’inizio: la mia testa è perennemente in fermento per poter migliorare. Non ho mai preso in considerazione di adagiarmi sugli allori; anzi, tutto questo è uno stimolo continuo per andare avanti e crescere, come persona e come ristoratore.

7
Il tempo è un lusso: non sprecarlo

Una data importante nella mia vita privata che non vi ho ancora raccontato (perché, come sempre, mi sono concentrato sull'aspetto lavorativo…) è stata il 7 settembre del 2022, quando mi sono sposato con la migliore donna che potessi incontrare. È stato un giorno indimenticabile, segnato da emozioni profonde e da un amore che sento crescere ogni giorno di più. Il nostro legame è solido, costruito su un amore maturo nonostante la nostra giovane età.

Quando penso al nostro matrimonio, mi ritornano alla mente una miriade di ricordi vividi e meravigliosi. Ma ciò che ha reso quel giorno veramente speciale sono stati il sorriso radioso di mia moglie e la gioia nei suoi occhi.

Ricordo ancora la prima volta che l'ho vista, nel 2018: subito ho capito che era la persona giusta per me. Non solo per la sua bellezza disarmante, ma per la sua presenza calma e rassicurante. Era educata, gentile e dal cuore grande, e possedeva, ieri come oggi, una qualità che apprezzo sopra ogni altra: la capacità di non perdere tempo in chiacchiere inutili. Anche in questo ci assomigliamo: entrambi preferiamo parlare poco, ascoltare molto e non dilungarci in pettegolezzi o giudizi affrettati sugli altri. Pensiamo entrambi che le troppe parole a volte siano superflue e che siano più importanti i fatti e le dimostrazioni quotidiane.

Fin dal primo giorno, ha compreso qual è la mia vita e la gestione rigida del tempo che m'impongo per portare avanti la mia carriera. Non si è mai lamentata di questo, anzi, mi ha sempre supportato, facendomi sentire amato e compreso. So anch'io che non posso dedicare alla mia famiglia il giusto tempo, quello che si meriterebbe, e per questo molto spesso mi sento in colpa, quasi in difetto. Ogni giorno la ringrazio per quanto è comprensiva nei miei confronti, perché so che è raro trovare una persona così. La sua capacità di capire e di sopportare i miei sacrifici senza mai farmi sentire in colpa è qualcosa di veramente straordinario. Proprio perché mi conosce meglio di chiunque altro, sono sicuro che anche lei sa quanto a volte mi sento in difetto nei suoi confronti; ma ha la certezza che qualsiasi sacrificio è anche per il benessere suo, della nostra famiglia.

Il nostro matrimonio è stato la celebrazione di questa comprensione e di questo amore profondo. Ricordo con emozione il momento in cui ci siamo scambiati le promesse: guardandola negli occhi, sentivo che ogni parola che pronunciavo veniva dal profondo del mio cuore. Promettevo di amarla, rispettarla e sostenerla per tutta la vita, consapevole che lei avrebbe fatto lo stesso per me.

Da quel giorno, la nostra vita insieme è stata un crescendo di complicità e amore. Ogni giorno trascorso con lei è un regalo. Nonostante le sfide e le difficoltà che inevitabilmente la vita ci pone davanti, il nostro legame si è rafforzato sempre di più. La sua presenza nella mia vita mi ha reso una persona migliore, più paziente e più equilibrata.

Una delle esperienze più intense che abbiamo vissuto insieme è stata la nascita di nostro figlio, Nunzio, il 27 luglio del 2023.

Ricordo quando io e mia moglie abbiamo scoperto che saremmo diventati genitori. La notizia è arrivata in un momento in cui eravamo già molto felici, ma ha portato una gioia che non avremmo mai immaginato. Ogni ecografia era un'emozione, vedere il piccolo cuore battere, sentire i suoi primi movimenti.

Vedere nostro figlio per la prima volta, quando è nato, è stata un’emozione indescrivibile. Fino a quel momento non pensavo minimamente che si potesse provare una sensazione simile. Ricordo quando l’ho preso tra le braccia, così piccolo e fragile, e ho sentito un’ondata di amore e responsabilità travolgermi. Lui era sangue del mio sangue e nessuno al mondo sarebbe stato così intimamente «mio» come lui.

Ho sempre chiesto ad amici diventati genitori prima di me cosa si provasse nel tenere in braccio per la prima volta il proprio figlio. Tutti mi hanno sempre risposto: «Non te lo so spiegare, un’emozione troppo grande, non si può raccontare».

Avevano perfettamente ragione.

La nascita di Nunzio ha rafforzato ulteriormente il nostro legame di coppia. Abbiamo imparato a collaborare ancora di più, a sostenerci a vicenda nelle nuove sfide della genitorialità. La nostra casa si è riempita di risate, pianti e momenti indimenticabili. Ogni primo sorriso, ogni passo, ogni parola pronunciata da Nunzio è stata una conquista che abbiamo celebrato insieme.

Nunzio sta crescendo rapidamente, e con lui sono cresciuti anche le nostre responsabilità e il nostro amore. Ogni giorno con lui è un'avventura, un'occasione per imparare e crescere insieme. Mi piace osservare il mondo attraverso i suoi occhi, vedere la sua curiosità e il suo entusiasmo per tutto ciò che lo circonda. È un promemoria costante di quanto sia preziosa la vita e di quanto sia importante vivere ogni momento appieno.

Spesso penso a come sarà il futuro di Nunzio. Mi immagino i suoi primi giorni di scuola, le sue prime amicizie, i suoi successi e le sue sfide. Spero di poter essere sempre lì per lui, per guidarlo e supportarlo, per offrirgli consigli e incoraggiamenti. Voglio che sappia che può contare su di me, che sarò sempre il suo più grande sostenitore.

Il supporto di mia moglie è stato fondamentale in questo percorso. La sua comprensione e il suo amore incondizionato mi hanno dato la forza di affrontare le sfide più grandi. È una donna straordinaria, che riesce sempre a trovare un modo per bilanciare tutto con grazia e serenità. La sua capacità di ascoltare senza giudicare, di essere presente senza essere invadente, è qualcosa che ammiro profondamente.

Insieme abbiamo costruito una vita ricca di amore e complicità. Ogni giorno ci sforziamo di creare ricordi felici, di insegnare a Nunzio i valori che riteniamo fondamentali. Gli insegniamo l’importanza del rispetto, dell’onestà, della gentilezza. Vogliamo che cresca sapendo che l’amore e il rispetto per gli altri sono le basi per una vita felice e soddisfacente.

Spesso penso a come sarà il futuro. Mi immagino il giorno in cui Nunzio sarà cresciuto e avrà la sua vita, e staremo seduti insieme a ricordare questi momenti. Voglio che sappia quanto è stato amato e quanto ha significato per noi. Voglio che senta l’orgoglio di essere parte di questa famiglia, di questa storia di amore e dedizione.

La vita lavorativa, con tutte le sue pressioni e impegni, a volte rende difficile trovare il giusto equilibrio tra lavoro e famiglia. Tuttavia, ogni volta che vedo Nunzio sorridere o mia moglie che mi guarda con amore, ricordo quanto è essenziale non perdere di vista ciò che conta davvero. Il lavoro è importante, ma la famiglia è ciò che dà significato e scopo alla mia vita.

Mi tornano in mente le immagini della mia infanzia, i miei genitori, e tutto ciò che mi hanno insegnato. Con la nascita di Nunzio ho sentito per la prima volta, in maniera assoluta, una vicinanza unica nei confronti di mio padre, che prima di me aveva provato le stesse sensazioni ed emozioni che sto provando io. Ho compreso anche tutti i suoi insegnamenti, il modo d'infondermi sicurezza, i suoi sguardi silenziosi ed è stato come se fossi entrato nel suo cuore, nella sua mente.

Essere diventato padre ha aggiunto una nuova dimensione alla mia vita. Una dimensione più alta e profonda rispetto a tutto il resto delle cose. Non c'è nulla che si possa paragonare a questo, nessun successo, traguardo o gratificazione personale mi trasmette la stessa sensazione. Niente mi fa gioire di più che vedere mio figlio Nunzio che si affaccia alla vita, con tutte le sue prime volte. Nello stesso tempo, non c'è nulla che mi possa incupire di più di un suo possibile malessere, per esempio quando magari non si sente bene. Davanti a cose del genere mi sento impotente: l'amore sconfinato che provo nei suoi confronti mi rende fragile, ma penso che questa sensazione accomuni la maggior parte dei genitori. Ogni giorno, cerco di essere il miglior padre possibile per Nunzio. Come ha fatto mio padre con me, vorrei insegnargli i valori fondamentali della vita, come il rispetto per sé stesso e per gli altri, l'importanza dell'educazione e la necessità di perseguire sempre i propri obiettivi con determinazione.

In questi ultimi anni ho ripensato spesso agli insegnamenti dei miei genitori e cerco di trasmetterli a lui, sperando che un giorno possa guardare me con lo stesso orgoglio con cui io guardo mio padre, colui che è e rimarrà sempre il mio mito. Il mio modello, il mio tutto.

Nonostante le mie responsabilità lavorative, cerco di trovare sempre il tempo per stare con la mia famiglia. So che non è facile, e spesso mi sento in colpa per non poter dedicare il maggior tempo possibile a Nunzio. Di lui non mi vorrei perdere nessun momento. Quelle sensazioni che ho provato da bambino, quando avvertivo delle piccole mancanze da parte dei miei genitori, oggi si sono ribaltate e in un modo o nell'altro non mi sento sereno fino in fondo. Quand'ero piccolo percepivo solo il mio malessere e non potevo capire anche quello dei miei genitori. Ora li comprendo.

L'unica cosa veramente importante è che vorrei che un giorno, quando sarà più grande, possa capire che tutto ciò che faccio oggi è per lui, così come crescendo io ho capito i miei genitori. Questo volermi realizzare anche per lui non è in nessun modo legato a un arricchimento economico. Non mi è mai interessato un granché diventare «ricco», permettermi qualsiasi cosa. Volermi realizzare anche per lui è legato al desiderio di lasciargli in eredità la consapevolezza che qualsiasi cosa si voglia realizzare, con la costanza, la determinazione e il sacrificio si può fare. Una sorta di eredità spirituale, composta anche dalla voglia di realizzarsi come persona, individuo. Vorrei che un giorno, guardandomi, fosse fiero di suo padre.

Io oggi ho ancora troppi obiettivi da perseguire e voglio che lui sia coinvolto, ora come spettatore e poi da protagonista, se pensa che quella possa essere anche la sua strada. Desidero che Nunzio sia orgoglioso di suo padre, almeno la metà di quanto io lo sono del mio.

Questo non sarà per nulla semplice.

Se oggi dovessi scrivere un biglietto a Nunzio, da conservare e mostrargli negli anni a venire, ci sarebbe scritto questo:

Caro Nunzio, mi spiace molto non trascorrere tanto tempo con te. So cosa provi, perché l'ho provato anch'io sulla mia pelle. Ti voglio dare un consiglio enorme, che spero ti possa tornare utile nella vita. Non sprecare il tuo tempo in nessun modo: il tempo è un lusso, il più prezioso che tu possa mai avere. Più di qualsiasi altra cosa. Ti consiglierò sempre, e non mi stancherò mai di ripetertelo, di vivere sempre la vita perseguendo i tuoi obiettivi, piuttosto che rincorrendo i sogni. I sogni possono deluderti, farti rimanere male e non rispecchiano quasi mai la verità dei fatti. Gli obiettivi, invece… Quelli si raggiungono.

Vorrei che Nunzio imparasse a dare valore al tempo, a viverlo appieno e a non lasciarsi abbattere dalle difficoltà. Quelle si possono sempre incontrare nella vita, l’importante è non farsi sopraffare da loro ma trovare con lucidità le soluzioni per superarle. La vita è fatta ogni giorno di sfide e i momenti difficili non mancano, ma è attraverso questi che si cresce e si diventa più forti. Ho capito che ogni padre vorrebbe avere sempre la capacità di spianare la strada al proprio figlio, cercare di sgomberarla da problemi e ostacoli, ma non ci si può riuscire mai fino in fondo. Anche questo fa parte della crescita individuale ed è una cosa naturale.

Spero, nello stesso tempo, di riuscire a essere un buon esempio per lui, dimostrando che con impegno, dedizione e amore si possono raggiungere grandi traguardi. E, soprattutto, spero di riuscire a trasmettergli l’importanza dell’amore e del rispetto per sé stesso e per gli altri, perché sono convinto che questi siano i valori fondamentali per una vita piena e soddisfacente.

Vorrei che mio figlio fosse spinto dalla passione e che la mettesse in ogni cosa che fa, dalla più importante a quella più piccola e semplice. Che usasse questa passione per crescere come uomo e per affrontare nel migliore dei modi la vita lavorativa. La passione intesa come motore della vita, quella che ti permette di far muovere ogni cosa nella giusta direzione, che non ti fa sentire la stanchezza quando invece ce n'è molta e che ti permette di avere una progettualità. Nunzio dovrà imparare a portare rispetto e a mostrare serietà nei confronti del lavoro e nei confronti di qualsiasi lavoro. Il lavoro è sacro!

Eppure, non posso fare a meno di pensare che l'amore e la famiglia sono i pilastri della mia vita. Sono grato di aver trovato una compagna straordinaria e di aver avuto la benedizione di diventare padre. Ogni giorno m'impegno, sapendo che il tempo e l'amore che dedico alla mia famiglia sono i doni più preziosi che posso offrire. Avere un figlio come Nunzio è un privilegio che non do mai per scontato. Ogni momento anche breve passato con loro è un tesoro, ogni sorriso di Nunzio, ogni gesto d'amore di mia moglie riempie il mio cuore di gioia. Sono consapevole che il tempo passa velocemente e cerco di vivere ogni istante con loro appieno. La mia carriera è importante, ma nulla può eguagliare il valore del tempo passato con la mia famiglia. A rendere la mia vita straordinaria sono i momenti semplici, come un abbraccio prima di dormire, quando torno a casa dopo il lavoro e Nunzio magari sta già dormendo.

Continuo a lavorare sodo e a inseguire i miei obiettivi professionali, ma non perdo mai di vista ciò che è veramente importante: so che il mio successo più grande è e sarà sempre la mia famiglia. Sono orgoglioso di ciò che abbiamo costruito insieme e non vedo l’ora di scoprire cosa ci riserva il futuro. Con mia moglie e Nunzio al mio fianco, so che possiamo affrontare qualsiasi cosa e continuare a crescere, insieme, come una famiglia unita e piena di amore. Ogni piccolo traguardo che lui raggiunge, ogni nuova scoperta che fa sono motivo di orgoglio e gioia per noi. È curioso, intelligente e ha una vivacità che illumina le nostre giornate. La sua risata è contagiosa e ogni momento passato con lui è un tesoro. Non posso sapere quale sarà il suo futuro lavorativo… Mamma mia, è un guaio solo pensarci. Non so quali saranno le sue scelte, una volta diventato grande. So con certezza, però, che le supporterò sempre. Se da una parte mi piacerebbe che portasse avanti la tradizione di famiglia e che non rendesse vani i sacrifici fatti prima dai miei genitori e ora da me, dall'altra vorrei che non sentisse sulla sua pelle gli stessi sacrifici che ho fatto io... So per certo che farà le giuste valutazioni. Saprà scegliere con il cuore e con la testa quello che sarà il meglio per lui, senza sentirsi condizionato in nessun modo da me. Questo non me lo perdonerei mai. Non vorrei mai che facesse una scelta forzata o dettata dalla pressione delle mie decisioni e dei miei desideri. Voglio che mio figlio sia libero di essere ciò che desidera. Che possa avere i suoi obiettivi da raggiungere e i suoi traguardi da superare. Vorrei farlo diventare uomo, così come lo sono diventato io, con accanto un padre come il mio, che non mi ha mai imposto di seguire a tutti i costi la sua professione, ma mi ha lasciato libero di prendere le mie decisioni, ricercando a tutti i costi solo la mia felicità.

8

Spaghetti al cioccolato: una provocazione?

Uno dei miei video più popolari pubblicato su TikTok e Instagram, che ha raggiunto in pochissimo tempo otto milioni di visualizzazioni e condivisioni, è quello che presenta uno dei piatti più insoliti che escono attualmente dalla mia cucina: gli spaghetti al cioccolato con gamberoni e foglie d'oro. Sul menù, questo piatto ha un nome ben specifico: *Come una cheesecake.*

Non pensate minimamente che sia un'esagerazione o una provocazione. Nulla di tutto questo. Non è stato ideato per far parlare di me o del mio ristorante; a dire la verità, non ne ho bisogno, anche perché attualmente sono in circolazione proposte ben più audaci e improbabili della mia, che sono servite a far parlare molto dei ristoratori o chef che le hanno ideate. Non mi sono neanche mai sognato di volerle provare.

Da *Innovative* lo spaghetto con cioccolato, gamberoni e foglie d’oro è realtà, nel senso che non è solo un piatto bello da vedere e super «instagrammabile», ma soddisfa il palato, anche dei più scettici. Sì, perché a volte sui social si pensa di poter proporre solo un piatto che sia bello da vedere e da fotografare, dimenticandosi che il fine vero di una pietanza è quello di essere assaggiata, degustata.

Per quanto riguarda il mio piatto, infatti, basta assaggiarlo per capire che quello che dico corrisponde alla verità.

Nella mia cucina la creatività non conosce limiti. Con un tocco d’inventiva, un po’ di coraggio e la giusta dose di sperimentazione, ogni ingrediente può diventare parte di un piatto prelibato. La cucina per me è arte, creatività e tre ingredienti tanto diversi come il cioccolato, i gamberoni e le foglie d’oro possono permetterti di realizzare una ricetta dalla bontà pazzesca.

Prima di presentarlo al pubblico, come faccio solitamente anche con altre ricette, mi metto in cucina con tutta la squadra e, con il prezioso aiuto dei due chef Pasquale Tafone e Giovanni Albanese, preparo il piatto nella forma che penso possa essere quella perfetta, o comunque come mi piacerebbe che fosse realizzato. Molto spesso solo pensarlo non basta. Bisogna che gli ingredienti si accostino senza sbavature, che i sapori si amalgamino in maniera perfetta. Una volta messa nei piatti, tutti assaggiamo la pietanza, e ognuno esprime il proprio giudizio, senza nessun filtro. Dobbiamo essere i giudici più severi di noi stessi. Se la pietanza passa l'esame e il gusto ci soddisfa, e se ha un bell'impatto visivo, viene inserita nel menù; altrimenti rimane una sperimentazione da aggiustare e costruire meglio nel tempo.

Questo è stato il procedimento anche per lo spaghetto cioccolato, gamberoni e foglie d'oro: la preparazione nel complesso è semplice e si può tranquillamente riprodurre anche a casa, per un'occasione speciale o una cena tra amici. Anzi, proprio per rendervelo più familiare, vi spiegherò velocemente la ricetta. Lo si può preparare senza problemi anche a casa... anche se naturalmente da *Innovative* è più buono!

Anzitutto, è bene elencare alcuni passaggi fondamentali. Il primo è fondere a bagnomaria o nel forno a microonde il cioccolato fondente all'85%, che avrà un gusto amaro, ma non in maniera esagerata.

Successivamente, bisogna prendere dei gamberoni e pulirli accuratamente, rimuovendo la testa e il carapace, e poi tritarli finemente con un coltello.

Per aggiungere una nota croccante, è necessario preparare una granella utilizzando una fresella sbriciolata, la stessa che inseriamo anche in altri piatti-gra, come quelli a base di cozze. Per donare invece una nota di morbidezza, verrà preparata una mousse di ricotta in salvietta. Per quanto riguarda l'assemblaggio del piatto, da *Innovative* per prima cosa posizioniamo la granella di pane abbrustolita al centro del piatto. Grazie all'aiuto di una sac à poche, la mousse di ricotta verrà distribuita in maniera uniforme sopra la granella.

Per gli spaghetti, basterà farli cuocere fino a raggiungere la giusta consistenza (preferibilmente al dente, poiché si dovrà continuare la cottura in padella). In una padella a parte, far sciogliere due noci di burro e aggiungere un mestolo di acqua di cottura della pasta. A questo punto bisogna trasferire gli spaghetti al dente nella padella, amalgamarli con il burro e versare un po' di cioccolato fuso, facendo attenzione a mantecare la pasta in modo che possa fondersi al meglio con gli ingredienti. Una volta terminata la cottura, bisogna posizionare un'abbondante porzione di pasta nel piatto, adagiandola delicatamente sulla granella di pane e mousse di formaggio. Il piatto termina con l'aggiunta di alcuni bocconcini di carpaccio di gamberoni sopra gli spaghetti, e con la decorazione a base di foglie d'oro alimentare.

Ditemi ora: cosa c'è di tanto strano nella preparazione di questo piatto? Secondo voi può essere una provocazione? La base di tutto, se ci riflettiamo un attimo, è formata da una semplice pasta al burro. Chi di noi non l'ha mai preparata o mangiata? Io ho solo pensato di arricchirla, aggiungendo degli ingredienti che normalmente si crede possano essere in contrasto fra loro. Assemblati, però, riescono a sprigionare un aroma incredibile fin dal primo assaggio. Questi spaghetti sono una vera esplosione di sapori, ve lo assicuro!

Anche i napoletani più scettici e conservatori, abituati a sapori e gusti diversi, più strettamente legati alla tradizione partenopea, si sono dovuti ricredere. E, anche se all'inizio storcevano il naso davanti a questa proposta, o non volevano proprio saperne neanche d'assaggiarlo, a oggi è uno dei piatti più richiesti nel mio ristorante. Tutti si sono dovuti ricredere.

Sarei un folle (e di sicuro non sarei un bravo ristoratore) se presentassi un piatto non buono. E vi assicuro che non è così.

Un’altra specialità particolarmente richiesta dai clienti è la *Bomboniera di mare*, piatto che ho presentato al grande pubblico quando sono stato ospite di una puntata del programma di mia madre *Assunta, la regina del mare* andato in onda su Food Network.

Protagoniste indiscusse della *Bomboniera di mare* sono le ostriche Regal Oro, servite insieme a fasolari, cannolicchi, gamberi di Ischia e scampi di Terracina, insieme a frutta fresca e, come tocco finale, con l’effetto speciale dato da una colata di ghiaccio secco che simula le onde del mare.

Le ostriche arrivano dall’Irlanda dopo trentasei mesi di affinamento. Trascorrono i primi ventiquattro mesi nel Nord Ovest dell’Irlanda, a Westport, dove le acque hanno un’alta concentrazione di plancton e salinità che dona loro una crescita straordinaria, mentre per gli altri dodici vengono trasportate più a Sud, alla foce del fiume Slaney, in acque molto pure che le rendono ancor più carnose.

Tra gli altri crudi che offro nel mio ristorante: ricci, tartufi, gamberoni, carabinieros, ostriche di sei tipologie diverse e il richiestissimo king crab.

Il mio menù di oggi nasce anche grazie alla forte intesa instaurata con gli chef Sergio Scuotto e Giorgio Luongo, creativi come me e affascinati dai sapori del mare, e diventa realtà nel migliore dei modi grazie alla costante attenzione del direttore Alessandro Sansoo, che è cresciuto insieme a me, e al prezioso supporto dei direttori di sala Giuseppe Ottieri e Luciano Russo.

È un menù che guarda alla tradizione di famiglia ma punta alla sperimentazione di nuove formule, come la *Cheescake di mare* con fresella sbriciolata, ricotta e tartare di gamberi, il crocchè con alici in pane panko a grana fine e provola di Agerola, e lo *Scarpone di mare*, una melanzana ripiena di calamari, gamberi, polpo, datterino e crostini di pane.

Il menù oggi conta sette primi, dal *Risotto degli abissi* ai *Gamberi alla chitarra* rovente. Sei i secondi, dal *Baccalà sovrano* con erbe spontanee, all'astice blu gold su provola stirata e foglia d'oro. Ogni portata ha il suo vino, grazie a una cantina di oltre centocinquanta etichette italiane ed estere, bollicine e champagne dei marchi più prestigiosi, studiati accuratamente per accompagnare ogni piatto, ogni ingrediente, ogni specialità di pesce e molluschi del menù.

Vedere ogni giorno il pescato fresco, in bella mostra in vetrina, mi ricorda quando da bambino, nel ristorante dei miei genitori, lo osservavo con lo stesso stupore e la stessa meraviglia che mi suscita adesso.

9

Scicchitano

Il lavoro non mi ha mai spaventato. È il mezzo attraverso il quale è possibile costruire la propria dignità personale, quindi è indispensabile per realizzare noi stessi. Il lavoro ti rende indipendente e ti permette di raggiungere l'autostima necessaria per rapportarti agli altri in maniera sana, onesta, a prescindere dal tipo di lavoro che si svolge. È vero, rappresenta il mezzo attraverso il quale procurarci il sostentamento per noi stessi e per le persone a noi care, ma anche la possibilità di esprimere noi stessi. L'ho già detto: per me, il lavoro ha una sacralità. Il sacrificio che esso comporta rende sacro ciò che si fa. È un diritto imprescindibile di ogni individuo ma, allo stesso tempo, si deve avere la volontà di svolgerlo nel migliore dei modi. Napoli, da sempre, è considerata una città difficile, complessa e articolata, soprattutto quando si parla di lavoro. Sarebbe stato molto facile per mio padre bambino, solo, disperato e senza nulla e nessuno su cui contare, fare delle scelte sbagliate, al posto di tirarsi su le maniche e faticare; ma così non è stato… e questo non può che fare la differenza.

Ha deciso, in maniera consapevole o forse in modo istintivo, che tipo di uomo sarebbe voluto diventare. Con la sua storia stampata in testa, non posso che pensare a quanto non sia poi così facile sbagliare nella vita.

I più grandi insegnamenti su quest’argomento non li ho appresi dai libri o dalla scuola, ma dalla vita dei miei genitori e dalla strada. Sono diventato un uomo lavorando, crescendo a fianco di persone che erano già nel mondo del lavoro da molti anni. Uomini e donne che lavoravano dalla mattina alla sera, per mantenere la propria famiglia e per soddisfare qualche piccolo desiderio.

Facevano ogni giorno grandi sacrifici. Abituati a loro volta, fin da piccoli, al lavoro.

Per non parlare dei miei genitori: due lavoratori instancabili, abituati alle rinunce fin da bambini, che non hanno fatto altro che darmi il buon esempio, responsabili fino allo sfinimento del loro comportamento e responsabili di tutte quelle persone che collaboravano con loro. Nessuno doveva rimanere indietro.

E anche oggi, che potrebbero rallentare un po' il ritmo, prendersi degli spazi per divertirsi o riposarsi, non hanno intenzione di farlo. Loro sono il loro lavoro.

Non sono persone di tante parole, questo lo avrete già capito; un po' rigidi, per pudore, sia nella manifestazione delle loro emozioni, sia nell'esprimere le loro opinioni, se possono dispiacere all'altra persona. Riescono a essere più espansivi, paradossalmente, con i clienti e i fornitori, piuttosto che con gli affetti più stretti. Nonostante questo, sono stati in grado di fornire un gran bell'esempio a me e alle mie sorelle.

Posso anche affermare di aver avuto fortuna, per la seconda volta nella vita, nel trovare le persone che oggi mi affiancano nel lavoro. Sono tutti dei veri professionisti che mettono passione, impegno, costanza e determinazione in tutto ciò che fanno. Come me sono dei veri lavoratori e niente riesce a destabilizzarli. Non vengono mai colti impreparati o di sorpresa, anche in quelle occasioni in cui potrebbe accadere: non dimentichiamoci che abbiamo a che fare tutti i giorni con un pubblico diverso, e a volte ci si può trovare davanti persone particolarmente esigenti. Anche questo non cambia affatto il loro modo di lavorare. Le aspettative che ho nei loro confronti sono molto alte, ma probabilmente questo vale anche per loro quando si tratta di me: in questo, siamo pari. Li stimo, trascorriamo molte ore insieme e con il tempo siamo diventati come una seconda famiglia gli uni per gli altri. Nei loro riguardi cerco di avere un atteggiamento autentico e coerente, così come loro si aspettano che sia. Vengono coinvolti e informati dei possibili cambiamenti, anche minimi, per poter avere con loro un confronto diretto e quotidiano. Sapere cosa pensano per me è importante.

Quando mi trovo a dover cercare una persona nuova da inserire nell'organico, mi occupo io stesso dei colloqui. Non è sempre facile individuare la persona giusta. Non m'interessa tanto che il possibile candidato abbia una grande esperienza lavorativa nel settore della ristorazione: questo è un lavoro che con l'impegno, il sacrificio e la costanza si può imparare. Abbiamo appreso questa professione quasi tutti nello stesso modo, osservando e «rubando» i segreti del mestiere, e solo successivamente ci siamo specializzati con corsi e attestati.

Quello che m'interessa più di ogni altra cosa è che i nuovi arrivati prendano il lavoro con serietà e che siano mossi dalla passione.

La passione è essenziale. A mio avviso, è questa che ti spinge a sopportare qualsiasi sacrifico, facendolo sembrare meno pesante, e che ti trasmette un entusiasmo contagioso. Quando una persona prova passione per ciò che fa, ti infonde un'energia positiva e una forte motivazione; influenza in maniera semplice e naturale l'ambiente di lavoro, creando una cultura aziendale stimolante e motivante per tutte le persone che stanno attorno.

Solo così è possibile affrontare anche le giornate più dure con il sorriso.

Mi piace supportare i giovani nella loro crescita professionale, seguirli, dare loro consigli e, dove è possibile, guidarli. Mi piace vedere come alcuni di loro si vogliano cimentare in questa professione. Mi ricordano quello che ero io. E mi piacerebbe essere per loro una guida silenziosa, come è stato mio padre per me, non una presenza assillante. Quasi tutti i miei collaboratori lavorano con me da moltissimi anni e posso dire che siamo cresciuti insieme.

Ripercorro mentalmente tutto quello che gli altri hanno saputo darmi e vorrei offrire ai giovani la stessa possibilità: quella di imparare un mestiere che possa tornar loro utile nella vita. Perché quando abbiamo in mano un mestiere possediamo una ricchezza che nessuno potrà mai toglierci.

Rapportandomi con le nuove generazioni, perlopiù composte da individui che mi seguono e mi conoscono solo tramite quello che vedono sui miei profili social, spesso noto che hanno di me un’idea totalmente sbagliata. Pensano erroneamente che io sia solo un influencer: vedono tutti i giorni i miei video e si sono fatti la strana idea che guadagni da quella attività molti soldi, e facilmente, senza fare nulla di particolare nel concreto. Chi invece mi conosce personalmente o frequenta il ristorante capisce che cosa faccio nella realtà: il mio guadagno è dato dal sudore del lavoro quotidiano, dalle poche ore di sonno, dal tempo che non dedico come vorrei alla mia famiglia, dalle vacanze negate o risicate in una settimana durante l’intero anno. Nessuno mi ha regalato nulla. Sono stato solo indirizzato a percorrere una strada che altri avevano affrontato prima di me.

Come ho già detto, riesco da sempre a dare il giusto valore e il reale peso al denaro. L’ho sempre guadagnato onestamente lavorando e non vivo di facili arricchimenti. Non mi è mai venuto in mente, per esempio, di prendere dalla cassa una qualsiasi somma, alla fine della serata, e usare quei soldi per comprarmi qualcosa di personale. La mia priorità, da sempre, è dare lo stipendio a tutti i dipendenti e pagare per quello di cui necessita il ristorante. Solo dopo, a fine anno, facendo tutti i conti, se dovesse avanzare qualche cosa... allora sì, ci penso.

Fino a oggi, non mi è mai successo di sbagliare nella scelta di un possibile nuovo membro da inserire nello staff; sono di poche parole, questo è vero, ma allo stesso tempo sono un buon osservatore. Ho imparato negli anni a capire esattamente chi mi trovo davanti. Capisco subito se mi si presenta di fronte un furbetto o uno che ha poca voglia di lavorare, e la cosa mi disturba particolarmente, anzi divento proprio intollerante nei confronti di questa categoria. I fannulloni non mi piacciono e non mi sono mai piaciuti: se preferiscono oziare e non fare nulla, che lo facciano a casa propria.

Sono entrato in una nuova fase della mia vita, ma non sono per nulla spaventato, anzi.

Sono felice ed entusiasta di affrontare una nuova sfida personale e professionale. Mi piace molto mettermi in gioco e riuscire a dimostrare prima di tutto a me stesso di avere le capacità per affrontare e superare un nuovo traguardo. Penso molto prima di prendere una decisione; sono particolarmente riflessivo, perché non voglio essere avventato o spinto solo dall’entusiasmo del momento. Appena nella mia testa è tutto chiaro e la decisione viene presa, però, mi lancio come un treno nella nuova avventura.

La vita mi sta riservando nuovi obiettivi particolarmente grandi da raggiungere, e nuove sfide da affrontare.

Proprio in questi giorni, infatti, mentre siamo alle prese con la stesura di questo libro, sto trattando un accordo con una cordata di noti imprenditori che credono in me e nella proposta enogastronomica partenopea che offro tutti i giorni ai miei clienti.

Il nostro incontro mi ha stupito molto. Io ho portato me stesso, quello che sono tutti i giorni con i miei clienti, tra i tavoli del mio ristorante. Ho portato anche quello che mostro sulle mie piattaforme digitali, Giuseppe Scicchitano, un giovane ristoratore che tutte le mattine si sveglia presto, entra nella cucina del suo ristorante e ci resta tutto il giorno, fino alla fine del servizio; nient’altro.

Una volta trovatomi davanti a loro, mi ha stupito ancora di più sapere che mi avevano contattato e poi voluto conoscere dopo aver fatto uno studio approfondito di marketing, legato al mondo food e alle tendenze che spingono a investire in questo settore.

Lo studio aveva rivelato che, nella categoria riferita al cibo, il mio profilo era tra le cinque figure più influenti d'Italia.

Ero assolutamente ignaro di questo primato, anzi all'inizio ho quasi creduto che fosse impossibile. Non mi sono mai reputato così influente, ma a questo punto devo prendere atto che lo sono, anche se in maniera totalmente inconsapevole.

Una volta metabolizzata la notizia, è stata una soddisfazione immensa pensare questo di me e ricevere una proposta così importante che avrebbe cambiato la mia professionalità. Mamma mia! Mi ha riempito d'orgoglio!

Non sapevo neanche come affrontare nel modo giusto l'argomento con i miei genitori… Ma anche in questo caso, come avvenuto in passato per tutti i cambiamenti e le decisioni che mi vedono protagonista e che mi riguardano, da parte loro non poteva che esserci un appoggio incondizionato.

Ora *Scicchitano* è una realtà.

Ci vuole coraggio, un grande coraggio per affrontare questi cambiamenti.

Un'evoluzione del brand improntato sulla mia persona (perché di fatto si tratta di questo) che stiamo trattando porterà a un cambiamento strategico dell'identità del marchio.

Verranno rinnovati il nome, il logo, la brand identity, la strategia di comunicazione, per arrivare ad avere un nuovo e importante posizionamento sul mercato.

Scicchitano sarà una nuova realtà che mi rappresenterà. Il mio orgoglio più grande, però, è che non rappresenterà solo me, ma anche mio padre: il suo cognome sarà associato a un nuovo modo di fare ristorazione e acquisterà un valore aggiunto e un grande riconoscimento.

Tutto questo si sta sviluppando ancora più velocemente di quanto potessi immaginare. E il cambiamento mi porterà probabilmente anche a fare un passaggio professionale molto importante: da ristoratore a imprenditore.

Non ho mai pensato che questo potesse nuocere alla mia professionalità ma, come già detto in precedenza, sono consapevole che si tratta di due realtà completamente diverse. Sia nella forma, sia nella sostanza. Non si esclude infatti, anzi se n’è già parlato, che *Scicchitano* veda l’espansione anche in luoghi lontani dalla mia Napoli, in contesti differenti. In questo non vedo nulla di male, anzi, avrò la possibilità di portare la cucina partenopea fuori dai suoi confini. Darò la possibilità a più persone di fare un viaggio alla scoperta dei profumi e dei sapori che sanno di mare. Tutto questo mi farà restare la persona che sono oggi, concreta, con i piedi ben piantati a terra e la testa ben salda. Si sa: non ho la testa di un sognatore.

Scicchitano sarà il mio vestito nuovo, cucitomi addosso su misura. Questo abito mi farà sentire a mio agio. Proprio come quegli abiti che indosso ogni giorno e di cui non saprei fare a meno.

Arrivati a questo punto, tutti i sacrifici fatti nel passato e vissuti nel presente, insieme al tempo impiegato per imparare tutto di questa professione a discapito della vita privata e familiare, hanno acquistato finalmente un senso.

Tengo stretti, come ho fatto finora, gli insegnamenti dei miei genitori, e la sicurezza e l'affetto che sento arrivare da mia moglie, da mio figlio, da chi mi sta più vicino. E insieme a loro, ancora instancabile, guardo verso il futuro. Seguendo sempre l'odore del mare.

INNOVATIVE

INNOVATIVE

Ricette

Gamberi alla chitarra

Paccheri alla Scicchitano

Risotto ai crudi

Spaghetti con cioccolato, gamberi e foglie d'oro

Cheesecake Maria

Sauté di vongole

Spaghetti con vongole veraci e alghe bio

Gamberi alla chitarra

Ingredienti (per 4 persone):

Spaghetti chitarra 320 g • 16 Gamberi rossi di Mazara del Vallo • Pomodoro del Piennolo 160 g • Aglio 2 spicchi • Basilico q.b. • Sale q.b. • Pepe q.b.

Procedimento

- Per preparare gli spaghettoni con gamberi crudi, eliminate la testa dei gamberi e, aiutandovi con una forbice, separate gli occhi che risulterebbero amari. Raccogliete le teste man mano in una ciotolina. Poi eliminate anche il carapace, sempre con le mani. Una volta che avrete pulito i gamberi, estraete anche il filamento nero aiutandovi con uno stecchino.
- Sbucciate la cipolla e tagliatela a fettine. Poi fate lo stesso con carote e sedano.

- In un tegame versate un filo d'olio e le teste dei gamberi. Aggiungete le verdure, mescolate e fate rosolare a fiamma alta. Sfumate con il vino bianco e lasciate evaporare la parte alcolica.

- Versate del ghiaccio e lasciate cuocere a fiamma media per 40 minuti. Trascorso questo tempo, setacciate il composto e schiacciate con il dorso del cucchiaio per estrarre tutti i succhi.

- Cuocete la pasta in abbondante acqua. Intanto versate il fumetto in una padella e regolate di sale.

- Riprendete i gamberi e tagliateli finemente sino a ottenere una tartare, poi mettete in una sac à poche e riponete in frigorifero.

- Scolate gli spaghetti e versateli in padella con il fumetto; portateli a cottura aggiungendo l'acqua di cottura. Spegnete il fuoco; con l'aiuto di un coppapasta da 10 ben imburrato componete un cerchio con la tartare di gambero. Fate un boccolo utilizzando una pinza e un mestolo, adagiate al centro del coppapasta, irrorate con la cremina di cottura e... buon appetito!

Paccheri alla Scicchitano

Ingredienti (per 4 persone):

56 Paccheri monograno • 1 Astice da 500/600 g • 4 Gamberi rossi • 4 Scampi medi • Pomodoro del Piennolo 200 g • Aglio 2 spicchi • Olio evo q.b. • Basilico q.b. • Sale q.b. • Pepe q.b. • Sedano q.b. • Prezzemolo q.b.

Procedimento

- Mettete una pentola colma d'acqua sul fuoco e portate a ebollizione. Quando l'acqua bolle, aggiungeteci l'astice e lasciate cuocere per circa 4 minuti.
- Prendete poi una casseruola, versatevi un generoso giro d'olio e aggiungete il sedano tagliato grossolanamente con tutte le foglie, il prezzemolo (soprattutto la parte dei gambi) e uno

spicchio d'aglio intero; lasciate che il tutto prenda calore.

- Aiutandovi con la lama di un coltello schiacciate leggermente i crostacei, lasciandone qualcuno da parte per la presentazione finale. A questo punto, aggiungete al guazzetto i pomodori datterini o piennolo, un pizzico di sale e, se vi piace, un peperoncino rosso. Chiudete la casseruola e lasciate cuocere.

- Prelevate l'astice dall'acqua di cottura, tagliate le chele e mettetele da parte perché serviranno anch'esse per la decorazione finale. Tagliate con una forbice il carapace dell'astice per estrarre la polpa, poi aggiungetelo nel guazzetto e mescolate il tutto.

- Quando i crostacei saranno cotti, passate il guazzetto schiacciando la parte solida con uno schiacciapatate cosicché i carapaci rilascino tutto il sapore (per questo passaggio si può usare un frullatore professionale: otterrete un brodo più denso e ricchissimo di sapore).

- Portate a bollore l'acqua di cottura dell'astice, salatela e aggiungeteci i paccheri che porterete a cottura al dente.

- Poi prendete una padella, fate un bel giro d'olio e lasciate che prenda calore.
- Eliminate l'intestino dai crostacei che avete messo da parte e, non appena l'olio è caldo, aggiungeteli in padella con le chele; dopo un poco eliminate le chele dalla padella, aggiungeteci il guazzetto e fate riprendere calore.
- Nel frattempo scolate la pasta al dente e trasferitela in padella insieme al guazzetto. Amalgamate bene in modo che la pasta si condisca uniformemente e spegnete il fuoco. Aggiungete a questo punto la polpa dei crostacei tagliata a coltello molto finemente.
- Servite i paccheri con il guazzetto, decorando con una foglia di basilico spezzettata a mano. Buon appetito.

INNOVATIVE

Risotto ai crudi

Ingredienti (per 4 persone):

Riso Acquerello invecchiato 7 anni 320 g • 4 Ostriche Tarbouriech • 12 Tartufi medi • 4 Scampi • Vongole 600 g • Cozze 600 g • Fasolari 600 g • Aglio 4 spicchi • Olio evo q.b. • Prezzemolo q.b. • Sale q.b. • Peperoncino (facoltativo)

Procedimento

- Per preparare il risotto ai crudi, come prima cosa occupatevi della pulizia dei frutti di mare. Innanzitutto assicuratevi che tutti siano ben chiusi, scartate quelli aperti. Battete i carapaci su un tagliere e trasferite poi cozze, vongole e ostriche in una ciotola con acqua e sale per un paio d'ore. Poi scolatele e passate alla cottura. In un tegame versate l'olio e lasciatelo scaldare; aggiungete poi uno o più spicchi d'aglio schiacciati e non appena l'olio sarà caldo versate i frutti di mare.

- Alzate il fuoco, aspettate qualche secondo e poi coprite con un coperchio. Salate leggermente, aggiungete un poco d'acqua e cuocete per qualche minuto fino a che tutti i frutti di mare si saranno aperti. A questo punto, filtrate l'acqua di cottura in un colino stretto.
- Scartando i frutti di mare che non si saranno aperti, fate raffreddare e sgusciate tutto, tenendo l'acqua dei frutti di mare a parte.
- Adesso pulite i gamberi: con le mani staccate la testa e il carapace insieme alla coda. Poi con un coltellino incidete il dorso di ciascun gambero e con le mani eliminate il filamento nero. A questo punto, passate al brodo.
- In una pentola abbastanza capiente versate un filo d'olio, mettete il riso e fatelo tostare, poi bagnate con l'acqua dei frutti di mare e portate a cottura. Mentre cuoce il riso (ci vorranno 12-14 minuti) aprite le ostriche e i tartufi e tritate finemente i gamberi; mettete in una sac à poche, poi sgusciate gli scampi e privateli del filo nero. Terminata la cottura del riso, mettetene due mestoli per piatto; adagiate le ostriche a crudo sopra, poi la crema di tartufi e gamberi a ciuffetti e lo scampo. Decorate con un po' di basilico a piacere e buon appetito.

Giuseppe Scicchitano

Spaghetti con cioccolato, gamberi e foglie d'oro

Ingredienti (per 4 persone):

Spaghetti monograno 320 g • 8 Gamberi rossi • Ricotta in salvietta 80 g • Fresella tritata 160 g • Foglia d'oro commestibile 2 fogli • Burro Echiré 50 g

Procedimento

- Eliminate la testa dei gamberi e, con una forbice, separate gli occhi. Raccogliete le teste in una ciotolina. Poi eliminate anche il carapace, sempre con le mani. Una volta che avrete pulito i gamberi, estraete anche il filamento nero aiutandovi con uno stecchino. Poi tritate finemente e mettete in una sac à poche: servirà alla fine.

- Prepariamo la fresella napoletana e friggiamola a 180 °C per 2-3 minuti, ripassandola poi al forno a 190 °C per 6-7 minuti. Fate freddare e frullate in un frullatore non molto finemente, conservando poi in una ciotola.

- A questo punto, sciogliete il cioccolato a bagnomaria.

- Prendete un piatto da portata e formate un rettangolo con la fresella tritata, dello spessore di circa 4 cm; con la ricotta disegnate una linea a zig-zag al centro della fresella.

- In una padella mettete il burro e fatelo sciogliere delicatamente, poi aggiungete un mestolo d'acqua di cottura degli spaghetti e il cioccolato fuso. Una volta che gli spaghetti saranno pronti, iniziate a mescolare sino a ottenere una cremina; fate un boccolo a coprire la ricotta, aggiungete tre spuntoni di crema di gambero e sul gambero mettete la foglia d'oro. Infine aggiungete un po' di salsa di cioccolato come rifinitura del piatto e buon appetito.

INNOVATIVE

Cheesecake Maria

Ingredienti (per 4 persone):

Gamberi rossi 1 kg • Ricotta in salvietta 500 g • Fresella napoletana 200 g • Zest di limone non trattato • Olio di semi 1 l • Basilico q.b. • Zucchero 150 g

Procedimento

- Per prima cosa prendete i gamberi crudi: eliminate le teste, raccoglietele man mano in una ciotolina e poi eliminate anche il carapace, sempre con le mani. Una volta che avrete pulito i gamberi, estraete anche il filamento nero aiutandovi con uno stecchino o un coltellino.
- Tritate molto finemente i gamberi puliti sino a ottenere un composto omogeneo, poi mettete in una sac à poche e riponete in frigo.

- Ora preparate la fresella ripassata: prendete la classica fresella napoletana e friggetela a 180 °C per 2-3 minuti, poi ripassatela al forno a 190 °C per 6-7 minuti. Fate freddare e frullate in un frullatore non molto finemente; mettete da parte la fresella in una ciotola. Mettete la ricotta in una sac à poche e riponete in frigo.

- Pelate il limone con un pelacarote, poi tagliate a julienne molto sottile. Mettete un pentolino con acqua e zucchero sul fuoco e portate a ebollizione; bollite la buccia per 2-3 minuti, scolate e fate raffreddare, poi adagiate in una ciotolina.

- A questo punto, non ci resta che assemblare: prendete un piatto piano, non molto grande, e adagiate il coppapasta 4x4 cm ben imburrato al centro. Create un primo strato di fresella di 1,5 cm, poi un secondo strato con la ricotta di 2 cm, e infine l'ultimo strato con il gambero di 1,5 cm; mettete un ciuffo di zest al centro del cilindro, una fogliolina di basilico e togliete delicatamente il coppapasta. Presentate con la decorazione di qualche rivolo di maionese al lime e buon appetito.

Giuseppe

Sauté di vongole

Ingredienti (per 2 persone):

Vongole 600 g • Aglio 2 spicchi • olio evo 3 cucchiai • Peperoncino 1 (facoltativo) • Prezzemolo tritato 1 ciuffo

Procedimento

- Il sauté di vongole è un piatto straordinario, si prepara in 10 minuti e garantisce un risultato eccellente con pochissimi e semplici ingredienti.
- La prima operazione da fare è quella di lavare bene le vongole; mettetele a bagno in una ciotola, in abbondante acqua fredda salata e lasciatele riposare per una mezz'ora. Poi sciacquatele sotto acqua corrente e saranno pronte per essere cotte.

- Prendete una padella capiente con il coperchio, metteteci i due spicchi di aglio, olio, peperoncino e lasciate soffriggere per qualche istante su fiamma vivace.
- Appena l'aglio inizia a colorire, lo togliete insieme al peperoncino, tuffate le vongole in padella e subito dopo coprite con un coperchio (attenzione agli schizzi) e lasciate continuare la cottura per qualche minuto. Aggiungete un poco d'acqua e un pizzico di sale, fate cuocere giusto il tempo che le vongole siano tutte aperte. Se qualche vongola dovesse restare chiusa, buttatela via, significa che il mollusco all'interno è morto quindi va gettata.
- Servite le vongole in un piatto fondo, mettete il sughetto e una bella spolverata di prezzemolo tritato.
- Potete aggiungere dei crostini e buon appetito.

Spaghetti con vongole veraci e alghe bio

Ingredienti (per 4 persone):

Spaghetti monograno 320 g • Vongole veraci 1200 g • Aglio 2 spicchi • Olio evo q.b. • Sale q.b. • Peperoncino q.b. • Alga bio q.b.

Procedimento

- Per preparare gli spaghetti alle vongole, cominciate dalla pulizia. Assicuratevi che non ci siano gusci rotti o vuoti, andranno scartati. Passate poi a batterle contro il lavandino, o eventualmente su un tagliere. Questa operazione è importante per verificare che non ci sia sabbia all'interno: le bivalve sane resteranno chiuse, quelle piene di sabbia invece si apriranno. Poi ponete le vongole in una ciotola e sciacquatele.
- Aggiungete il sale fino.

- Lasciate in ammollo le vongole per 2-3 ore. Nel frattempo prendete l'alga bio, sciacquatela, asciugate leggermente e mettete in microonde alla massima potenza per 5-6 minuti sino a essiccazione.
- Poi setacciate l'alga e recuperate la polverina verde, che vi servirà alla fine.
- Trascorso il tempo di ammollo, le vongole avranno spurgato eventuali residui di sabbia: scolatele e sciacquatele. In un tegame mettete a scaldare un po' d'olio. Poi aggiungete uno spicchio d'aglio e, una volta imbiondito, toglietelo.
- Rovesciate quindi le vongole nel tegame caldo. Chiudete con il coperchio e lasciate cuocere per qualche minuto a fiamma alta. Le vongole si apriranno con il calore, quindi agitate di tanto in tanto il tegame finché non si saranno completamente dischiuse.
- Non appena tutte le vongole saranno aperte, spegnete subito il fuoco, altrimenti cuoceranno troppo. Cuocete gli spaghetti in abbondante acqua leggermente salata, per metà del tempo di cottura indicato sulla confezione. Nel frattempo

filtrate le vongole, raccogliendo in una ciotola la loro acqua di cottura.

- Versatela nel tegame dove avete cotto le vongole e non appena gli spaghetti saranno pronti scolateli, tenendo da parte anche la loro acqua di cottura. Trasferiteli nel tegame con il condimento.
- Aggiungete un mestolo di acqua di cottura degli spaghetti e terminate la loro cottura, aggiungendo altra acqua al bisogno. Quando saranno pronti aggiungete le vongole; saltate brevemente e servite subito i vostri spaghetti con le vongole, dopo aver aggiunto una leggera spolverata di alga bio. Buon appetito.

Ringraziamenti

Visto che non l'ho ancora fatto in maniera adeguata, vorrei ringraziare tutte le persone che lavorano con me e che ogni giorno mettono impegno, passione e professionalità in ciò che fanno. È anche merito loro se *Scicchitano* ora e *Innovative* prima sono riusciti e riescono ogni giorno a soddisfare anche i clienti più esigenti, nel migliore dei modi. È una grande soddisfazione per loro, ma ancora di più lo è per me lavorare con loro. Tutti loro sono considerati da me come fratelli, fanno parte nel mio cuore di una seconda famiglia.

Grazie a Sergio Scuotto, Giorgio Luongo, Giovanni Albanese, Simone Albanese, Pasquale Tafone, Fortunato Boccolino, Alessandro Sansoo, Luciano Russo, Giuseppe Ottieri, Mario Ilardo, Pietro Marotta, Renato Granieri, Giuseppe Sapio, Manuel Della Corte e Maria Ilardo.

Note

Note

Note

Note

Note

Note

Note

Note

Note

Note

Note

Questo libro è stampato fabbricato da Grafica Veneta S.p.A.
con un processo di stampa e rilegatura certificato 100% carbon neutral
in accordo con PAS 2060 BSI

Finito di stampare nel mese di settembre 2024
per conto di RCS MediaGroup S.p.A.,
da Grafica Veneta S.p.A., via Malcanton 2, Trebaseleghe (Padova)
Printed in Italy